CÓMO EVITAR A LOS VAMPIROS ENERGÉTICOS

Christiane Northrup

Cómo evitar a los vampiros energéticos

Una guía para deshacerte de las relaciones
que te consumen y recuperar el poder y la salud

URANO

Argentina – Chile – Colombia – España
Estados Unidos – México – Perú – Uruguay

Título original: *Dodging Energy Vampires – An empath's guide to evading relationships that drain you and restoring your health and power*
Editor original: Hay House, Inc., USA
Traducción: Laura Paredes

1.ª edición Septiembre 2018

ISBN: 978-84-16720-40-8
E-ISBN: 978-84-17312-52-7
Depósito legal: B-17.911-2018

Fotocomposición: Ediciones Urano, S.A.U.
Impreso por: Rodesa, S.A. – Polígono Industrial San Miguel
Parcelas E7-E8 – 31132 Villatuerta (Navarra)

Impreso en España – *Printed in Spain*

Para los Trabajadores de la Luz de todas partes.
Nuestro momento finalmente ha llegado.

Índice

Introducción

He dedicado toda mi vida a trabajar en el ámbito de la salud y la sanación. Primero como médica y cirujana especializada en obstetricia y ginecología con formación convencional, y más adelante como profesora global que recuerda a las mujeres todo lo que puede ir bien en sus cuerpos. Y, lo que es más importante todavía, cómo hacer que esto se haga realidad.

Durante las decenas de años que estuve en la primera línea del cuidado de la salud femenina, he visto a infinidad de mujeres sufrir de afecciones aparentemente inexplicables. Esas mujeres comen bien. Hacen ejercicio. Se cuidan. Se encargan de su familia, de su trabajo, de su hogar. Sobre el papel todo parece espléndido, pero cada vez que profundizo más en sus vidas descubro que otra persona es la raíz de sus problemas; una persona que parece succionarles literalmente la sangre vital. Yo me refiero a estas personas como vampiros energéticos.

La mayoría de las mujeres (y también de los hombres) víctimas de vampiros energéticos son compasivas y cariñosas y se preocupan mucho por el bienestar de quienes las rodean. Interactúan con la energía de los demás hasta un punto que las sitúa más allá de ser simplemente compasivas. No sólo sienten tristeza observacional cuando ven sufrir a alguien; sienten el mismo sufrimiento, como si estuvieran experimentando de primera mano el dolor que están presenciando. Estas mujeres se incluyen en una categoría de personas conocidas como empáticas. Supongo que, si estás leyendo esto, te reconoces un poco en esta descripción.

Hasta hace poco, los vampiros energéticos han sido mayormente ignorados, y no han sido diagnosticados por la sociedad en general ni por los sistemas médicos y jurídicos en particular. Por eso tan pocas personas saben el problema que suponen.

En mi caso, no me percaté de lo mucho que afectaban las vidas de mis pacientes hasta que empecé a investigarlos debido a lo que ocurría en mi propia vida. Como persona empática, creía erróneamente que todo el mundo tenía la misma empatía y compasión que yo. Suponía que, por más daño que alguien causara a sus familiares o sus colegas, en el fondo de su corazón eran buenas personas con buenas intenciones. Simplemente, estaban actuando a partir de un dolor no expresado y de la negación. Jamás se me ocurrió que hubiera personas que son depredadores; que viven a costa de la amabilidad, la confianza, la buena voluntad, la generosidad y la iniciativa de los demás. Era incapaz de imaginar que había personas que carecen prácticamente por completo de empatía, de compasión, de cariño y de la voluntad o incluso de la capacidad de cambiar. Pero esto es exactamente lo que son los vampiros energéticos. Son camaleones que pueden ser expertos manipuladores, y que obtienen lo que quieren de los demás sin dar nada a cambio.

Las confiadas personas empáticas suelen abrir su corazón, su cuenta bancaria y su cuerpo para ayudar a estos vampiros a sanar sus supuestas heridas, que en realidad no existen. No porque la persona empática sea tonta, sino por la combinación perfecta del deseo de la persona empática de ser una fuerza sanadora en el mundo con las habilidades depredadoras del vampiro. Y muy a menudo en esta mezcla concurren las heridas no sanadas de la persona empática, quien no se suele sentir digna de lo mejor que ofrece la vida.

Una serie de relaciones románticas y con varios amigos íntimos y algunos colegas profesionales me hizo ver con total claridad lo cierto que era esto. Eran relaciones que me estaban minando. Tenía la sensación de estar volviéndome loca. De estar perdida. Siempre me culpaba a mí misma y tenía la impresión de necesitar mejorar algo. ¿Qué estaba haciendo mal? Resulta que lo único que estaba haciendo mal era dar en exceso a personas a quienes creía que podía sanar sin incluir mis necesidades y mi bienestar en la mezcla. No tenía ni idea de que había en mi vida muchas personas que eran vampiros energéticos.

Éste es el caso de muchas personas que establecen relaciones con vampiros energéticos. Ni siquiera sabemos que tratamos con uno de estos maestros de la Oscuridad hasta que enfermamos, perdemos nuestros amigos, nuestros trabajos, nuestros ingresos, nuestros años fértiles y, finalmente, hasta nuestra autoestima y nuestra dignidad.

Lo que ocurre con los vampiros energéticos es que atacan a las personas que es más probable que toleren sus tácticas; y esas personas son empáticas, porque tenemos unos niveles extremadamente altos de compasión y empatía. Los vampiros energéticos saben cómo utilizar esto en beneficio propio, y en detrimento de la persona empática.

Pero hay esperanza. El ámbito de la salud mental, en particular, y la sociedad, en general, están por fin empezando a ponerse al día sobre cómo actúan estos chupones de energía, y lo previsibles que son. Se están identificando rasgos de personalidad y tácticas de manipulación. Se está averiguando cómo reconocer a los vampiros y se están abriendo nuevos caminos para abandonar estas relaciones.

Por eso he escrito este libro. Quería reunir algunas de las mejores investigaciones que se han realizado sobre este tema y sumarlas a las experiencias de mi propia vida y de las vidas de los miembros de mi comunidad global para dar consejos claros sobre cómo poner fin a las relaciones malsanas y sanar de ellas. En la primera parte del libro siento las bases para conocer a los actores de las relaciones entre vampiros y personas empáticas. Y cómo y por qué interactúan como lo hacen; y también qué efecto pueden tener en tu vida. Y después, en la segunda parte, te guío por procesos sencillos que te permitan volver a concentrarte en ti de modo que puedas sanar y evitar a los vampiros energéticos en el futuro. Quiero señalar, sin embargo, que sanar del abuso de un vampiro es un esfuerzo relativamente individual. Evidentemente, hay cosas que todo el mundo tiene que hacer, pero tu proceso de sanación será distinto del de cualquier otra persona. Piensa en este libro no como en un mapa de carreteras hacia la sanación sino como en una variada selección de técnicas. Algunas de ellas tendrán sentido en tu vida, otras no. Elige las que te funcionen. Te prometo que, si sigues los consejos de este libro, podrás deshacerte de la Oscuridad, establecer relaciones brillantes y sanísimas y crearte una vida feliz.

Como persona empática, tienes dones especiales que aportan luz al mundo. Tu compasión y tu empatía son bálsamos sanadores para las personas que te rodean y para el propio planeta. No viniste a este mundo para ser la fuente de energía de un vampiro. Estás aquí para aportar tu luz al mundo.

PRIMERA PARTE

CONOCER LA DINÁMICA

1

Un alma muy sensible

Si tienes este libro en tus manos, es probable que albergues la ligera sospecha de que una de tus relaciones no es cien por cien saludable. Podría ser una relación con un progenitor, un cónyuge, un colega del trabajo, un hermano, un hijo o cualquier otra persona con quien pasas una gran cantidad de tiempo. Puedes amar y respetar a esta persona, pero cada vez que estás con ella acabas sintiéndote algo desquiciada. También puedes sentirte agotada, exhausta y cansada, como si te hubieran succionado literalmente la energía. Si esto te suena, es probable que tengas una relación con alguien que es lo que se conoce como vampiro energético. Las personas que se incluyen en esta categoría de personalidad se alimentan de la energía de quienes les rodean.

Por otra parte, es probable que, como el vampiro energético, tú también tengas un tipo de personalidad. Dime si te suena algo de lo siguiente. Vas a un sitio y, de repente, estás triste, o enfadada, sin motivo aparente. Puede que al ocupar un asiento en un cine o en una sala de conciertos sepas inmediatamente que tienes que cambiarte de sitio. O tal vez alguien que parece contento te deja extraordinariamente triste. Quizá te atraigan las artes curativas y el estudio de cosas como la astrología y la medicina energética, pero crees que no puedes decírselo a nadie porque pensarán que estás loca. Puede que no estés demasiado segura de ser lo suficientemente digna de merecer amor y atención sin ganártelos prestando servicios.

Si te identificas con algo de esto, o si simplemente te han dicho que eres «demasiado sensible», es probable que formes parte de un grupo especial de personas denominadas empáticas, o personas sumamente sensibles. Últimamente se ha hablado mucho, e incluso se han publicado libros que se han convertido en éxitos de ventas, sobre las personas empáticas. De hecho, en su recomendación del libro *Guía de supervivencia para personas altamente sensibles y empáticas* de Judith Orloff, la mundialmente famosa médica intuitiva Caroline Myss se refiere a las personas empáticas como «la nueva normalidad».

Algo a tener en cuenta es que no todas las personas empáticas son iguales. Algunas son, simplemente, muy sensibles a su entorno y a los sentimientos de los demás. Otras son lo que yo llamo «almas viejas empáticas». Se trata de personas que han vivido cientos, acaso miles, de vidas y que nacen con niveles elevados de rasgos como el ingenio, la autonomía, el optimismo y la lealtad. Con independencia del tipo, sin embargo, todas las personas empáticas son muy sensibles a la energía.

Las personas empáticas interactúan con la energía que las rodea de una forma que difiere incluso de la de una persona muy compasiva. Mientras que una persona compasiva puede sentirse mal tras ver sufrir a alguien, una persona empática detecta, de hecho, la auténtica energía del individuo. Puede captar el dolor profundo, a menudo oculto, de las personas que tiene cerca porque la energía de ese dolor cambia su propio ser. La energía de la gente que las rodea, no simplemente las emociones, afecta el bienestar y la energía de las personas empáticas. Las personas empáticas absorben la energía que las rodea, tanto si es buena como si es mala. Y no lo notan.

Como persona empática, he experimentado de primera mano el hecho de absorber energía negativa, y cuando ocurre, es algo extremadamente extraño. Hace años, estuve en una reunión de la junta directiva de la American Holistic Medical Association en la que había otra médica que parecía simpática pero que también era bastante testaruda y difícil de definir. En cuanto terminó la reunión, sentí unas náuseas enormes. Tuve que ir corriendo al cuarto de baño a vomitar. Fui como una esponja; absorbí su negatividad. Se había filtrado en todas las células de mi cuerpo, y vomitar era el único modo que tenía mi organismo de depurarse. Años más tarde supe que era una vampira energética.

Dada nuestra propensión natural a absorber la energía de los demás y confundirla con la nuestra, suelo usar la palabra *porosas* para describir a las personas empáticas. A menudo no sabemos dónde terminamos nosotras y dónde empieza otra persona. Tengo una amiga que tuvo que dejar de ir a las reuniones de doce pasos porque detectaba todo el dolor emocional de los presentes en la habitación y no podía dejar de llorar. No me malinterpretes. Las reuniones de doce pasos pueden ser transformadoras no sólo como lugares curativos, sino también como fuentes de colectividad. Pero si eres una persona empática, puede que las emociones no procesadas, y no sentidas, de los demás te resulten demasiado abrumadoras. Sin el conocimiento adecuado de ti misma y las herramientas para protegerte, el daño de absorber estas poderosas emociones puede ser mayor que el bien que se obtiene de seguir los pasos y de estar con otras personas que han vivido cosas parecidas.

A veces el dolor de ser una persona empática puede afectar mucho. Tengo otra amiga extraordinariamente empática cuya capacidad de absorber la energía de los demás le acarrea dolencias físicas. Regularmente, su cuerpo absorbe las enfermedades de los miembros de su familia, pero ésta es la parte que a algunas personas les resulta difícil creer: presenta los síntomas de sus enfermedades *antes* que ellos. Cuatro meses antes de que diagnosticaran a su padre cáncer de pulmón, presentaba síntomas pulmonares tan graves que los médicos creían que ella tenía cáncer de pulmón. Y meses antes de que otro familiar suyo tuviera un tumor cerebral, ella padecía dolores de cabeza y tenía todos los síntomas de un tumor cerebral. Todos esos síntomas desaparecieron en cuanto sus familiares fueron diagnosticados y ya no tuvo que «llevar» su energía. Si bien esto no es habitual, ilustra lo poderosa que la energía de los demás puede ser en la vida de alguien empático.

EL DÍA A DÍA DE LA PERSONA EMPÁTICA

¿Cómo es, pues, la vida de una persona empática? La respuesta breve es «ocultación». Las personas empáticas suelen adoptar medidas extremas para retorcer su verdadera identidad y transformarla así en algo menos doloroso. Adquieren una gran habilidad para no desentonar y para averiguar cómo ser amados y aceptados no por quiénes son en realidad sino por cómo pueden servir a los demás. Por ejemplo, si un niño homosexual empático nace en el seno de una familia muy conservadora, ese niño sabrá muy pronto cómo reprimir su verdadero ser al servicio del sistema de creencias de la familia. O si una niña empática activa y creativa nace en el seno de una familia que valora la lógica y el estudio, esa niña se someterá pronto y se esforzará por demostrar su valía a través de las actividades aprobadas por la familia.

Los niños empáticos no actúan así conscientemente. Es un mecanismo de supervivencia. Como están tan sensibilizados a la energía de los demás, sufren cuando los demás sufren, por lo que se esfuerzan mucho por no hacer sufrir a nadie.

Este deseo de no agitar las aguas es algo inherente a las personas empáticas durante toda su vida. Dicen que sí cuando quieren decir que no, simplemente, porque no quieren experimentar la energía negativa de las personas que las rodean. Se esfuerzan más para que los demás no se agobien. Escuchan las penas de sus amigos y familiares, y les ofrecen sugerencias y ayuda. Sacrifican su propio bienestar por el bien de las personas que las rodean. Porque todo se basa en la energía.

En su infancia, algunas personas empáticas no sólo poseen esta sensibilidad; también tienen la capacidad de ver otras dimensiones. Ven ángeles, o guías espirituales, u otros amigos imaginarios que no son imaginarios en absoluto. A menudo, los jóvenes empáticos hacen afirmaciones sobre la verdadera naturaleza de una persona, una naturaleza que no es evidente para quienes los rodean. Por ejemplo, un niño muy sensible podría perfectamente decir algo sobre querer evitar al tío Pete (que más adelante resulta ser pedófilo), o que la tía Sally va a morirse (justo antes de que lo haga).

Pero, como en los ejemplos anteriores, estos niños empáticos aprenden pronto que se considera que no está bien ver «cosas ocultas». Puede que los critiquen, los hagan callar o incluso los castiguen por sincerarse sobre lo que sienten con tanta intensidad.

El intuitivo John Holland cuenta que era capaz de ver mascotas muertas cerca de sus antiguos propietarios. De niño, se dirigía a alguien y le hablaba sobre su perro, que había fallecido, porque veía claramente a ese perro allí mismo. Esto afectaba y desconcertaba a la persona, y me explicó que muy pronto aprendió a evitar hablar sobre lo que veía. Averiguó que su percepción no era aceptable para la mayoría de gente y para las creencias de nuestra sociedad.

Los rasgos que hacen «distintas» a las personas empáticas les generan una gran cantidad de dolor emocional. Son personas a las que sus familias y la sociedad lastiman, avergüenzan, abandonan o traicionan. Se les dice que son «raros», «locos» o «malos», lo que a su vez les provoca ansiedad y falta de confianza en sí mismas. El caso es que las personas empáticas son como las demás en cuanto a su necesidad de ser aceptadas, queridas y apoyadas, por lo que empieza la ocultación que mencioné anteriormente. Se contienen para encajar y ser amados. O, por lo menos, evitar los castigos o las burlas. Muchas personas empáticas aprenden a ignorar su sensibilidad y desconectar su conocimiento intuitivo. Algunas de ellas recurren incluso a las drogas y el alcohol para bloquear sus percepciones.

La otra forma de ocultación que usan las personas empáticas es más física. Las personas muy sensibles suelen evitar las multitudes. (Como los conciertos de rock o la Nochevieja en Times Square. O un casino en Las Vegas.) La energía es, simplemente, demasiado intensa.

También evitan películas o programas de televisión violentos o de miedo porque les resulta demasiado doloroso verlos. Yo me pasé la primera mitad de la película *Salvar al soldado Ryan* en el lavabo de señoras porque no podía soportar cómo mostraba el desembarco en la playa Omaha durante la Segunda Guerra Mundial. Era demasiado difícil verlo en la gran pantalla (o incluso en la pequeña pantalla, de hecho). Y cuando empezó la escena de la lucha en *Cinderella Man*, tuve que salir de la sala y quedarme en el vestíbulo, desde donde asomaba la cabeza de vez en cuando para ver cuándo terminaba. También soy incapaz de aguantar series como la popular *Orange is the New Black*, *Juego de tronos* y *Breaking Bad*. Son demasiado violentas.

Lo mismo me pasaba cuando era adolescente. Mis amigos solían querer ir a ver películas de terror, y siempre me invitaban. Así que una vez los acompañé y abandoné la sala justo al comenzar la película porque la música me daba demasiado miedo.

Otra forma de «ocultación» física que efectúan algunas personas empáticas es un poco extraña: solemos escondernos de la tecnología. No porque no nos guste o no la entendamos, sino más bien porque las personas empáticas muy sensibles poseen un sistema energético diferente que puede provocar que la tecnología funcione mal.

Tengo un amigo empático que no paraba de comprarse relojes. Daba igual la marca o lo caro que fuera, el resultado era siempre el mismo: el reloj se le paraba en la muñeca. Y seguía parado por más que le cambiara las pilas. Su energía agotaba, literalmente, las pilas. Esto se debe a que las personas empáticas no sólo absorben energía, también emiten energía de elevada frecuencia.

La maldición tecnológica de las personas empáticas va más allá de los relojes, los móviles, los ordenadores y prácticamente cualquier otra forma de tecnología. Si pueden usar un móvil y un ordenador —las hay que no pueden—, ven que su energía interfiere en el sistema eléctrico, lo que provoca que el ordenador o el móvil haga cosas extrañas. Por ejemplo, yo estaba hablando con mi hermana por el móvil el día en que escribí este apartado y hubo dos veces en que, aunque no toqué el teléfono, éste empezó a marcar otro número, en medio de nuestra conversación. Tengo otros amigos empáticos con quienes nuestras llamadas se cortan repetidamente. Incluso con el teléfono fijo. Se ha convertido en una especie de broma. Cuando volvemos a llamarnos después de que se haya cortado la comunicación, bromeamos (o tal vez no) con que las fuerzas oscuras nos deben estar escuchando ¡y no quieren que hablemos!

No todas las personas empáticas tienen estas dificultades tecnológicas, pero si has tenido frustraciones extrañas e inexplicables con tus aparatos electrónicos, puede que ésta sea la razón.

Uno de los casos más extremos que he visto de energía que interactuaba con el material cercano es el de personas empáticas que, literalmente, apagaban bombillas con su energía. Esto sucede casi siempre cuando la persona empática está sintiendo una energía fuerte, como la rabia, y esa energía estropea los dispositivos electrónicos tridimensionales, además de desafiar lo que creemos sobre «la realidad».

Muchas personas empáticas son también extremadamente sensibles a los olores. No soportan fragancias obtenidas a partir de ingredientes químicos artificiales, aunque no tienen problemas con las fragancias de origen natural como la de las lilas. También detectan el olor de que algo anda «mal» con la comida, o incluso con otras personas, mucho antes de que la mayoría de los demás lo note. ¿Conoces la expresión de «Me huelo que algo anda mal»? Pues para ellos es cierto.

FORTALEZA Y BONDAD INNATAS

Después de todo lo que te he dicho sobre ser muy sensible, me figuro que te estarás preguntando cómo curarte de este terrible mal, ¿verdad? Pues para un momento. Ser empático puede tener desventajas, pero si sabes aceptar quién eres realmente, los pros superan con creces a los contras.

Las diferencias entre ser una persona empática y una persona corriente van mucho más allá de absorber la energía de quienes te rodean.

Las personas empáticas suelen ser sanadoras extraordinariamente expertas porque sienten naturalmente las emociones de los demás, y pueden incluso experimentarlas en su propio cuerpo. Su campo energético se introduce literalmente en el cuerpo de la otra persona y siente lo que le pasa. Además, son lo bastante ingeniosas como para ser de verdadera ayuda en casi todas las situaciones. Por lo que a menudo crean un ambiente en el que la gente se siente segura, vista, escuchada y apoyada. También pueden tener la capacidad de hacer desaparecer las sensaciones dolorosas de los demás, en parte transmutando esas sensaciones en ellas mismas y liberando después energía purificada como un purificador de aire humano. A menudo, tras interactuar con alguien empático, una persona se va sintiéndose mejor sin saber por qué.

A los cinco años, tenía una hermanita llamada Bonnie Laurie que falleció. En el momento de su defunción, mi vida cambió y pasé de ser una niña despreocupada a ser alguien que intentaba sanar el dolor de mi madre. Mi naturaleza empática me llevó a absorber su dolor. Puede que esto la ayudara a superar la pena; en realidad, jamás lo sabré. Lo que sí sé es que, a mayor escala, me llevó a dedicarme profesionalmente a la atención sanitaria y a ayudar así a millones de mujeres de todo el mundo. Cuando adopté el papel de cuidadora de mi madre, descubrí un lugar en el que podía sobresalir y ser aceptada.

De niña, no me di cuenta de que ésa era mi forma de ocultarme. En realidad, no me di cuenta de ello hasta hace poco, cuando trabajaba con un entrenador que practica una clase de trabajo corporal que hace aflorar recuerdos y emociones ocultos, depositados profundamente en la fascia de tu cuerpo. Cuando trabajábamos juntos, me preguntó si tenía una hermana que había fallecido. Inmediatamente pensé en mi hermana Cindy, que había muerto en un accidente automovilístico justo tras acabar la universidad, pero al hacerme más preguntas me percaté de que el dolor que necesitaba sanar procedía en realidad de la muerte de Bonnie Laurie. Durante nuestro trabajo juntos me «vi» a mí misma con cinco años, vestida de vaquera, galopando por el escenario en una obra escolar. Cuando conté mi visión al terapeuta, éste me dijo: «Fue entonces cuando te abandonaste a ti misma». Quise echarme en el suelo a llorar, porque me di cuenta de lo cierto que era. No había sabido que estaba absorbiendo el dolor de mi madre. Sólo sabía que podía hacer que se sintiera mejor.

Aunque muchos sanadores son personas empáticas muy sensibles, muchos médicos convencionales no quieren admitirlo porque esta aptitud se considera muy poco científica. Uno de mis colegas poseía capacidad sanadora en sus manos, pero jamás lo dijo a nadie porque no podía explicarlo científicamente. Sólo sabía que sus pacientes solían mejorar cuando él los tocaba. Notaba calor en las manos al hacerlo. A pesar de que éramos íntimos, no me enteré de ello hasta que su hermana lo mencionó en su funeral y desveló el dilema que eso le había supuesto.

Además de estas capacidades sanadoras, la gente sumamente sensible también suele experimentar más plenamente las alegrías de este mundo. El sol ilumina su alma de modo embriagador. La música les cala muy hondo y les hace saltar lágrimas de asombro extasiado. El movimiento les habla a nivel celular. No tengo palabras para expresar la felicidad que siento cuando bailo el tango o toco el arpa, algo que estoy haciendo más asiduamente al aceptar mi sensibilidad y recuperarme de mi necesidad de salvar a los demás.

Dada su capacidad de captar la energía que las rodea, las personas empáticas suelen sentirse atraídas por los animales y la naturaleza debido a su energía tranquilizante e inocente. Esta atracción puede ser una fuerte motivación para hacer el bien en la naturaleza: trabajar para proteger a lo que o a quienes más lo necesiten, ya sea la misma tierra o los animales que la habitan.

A pesar de lo que nuestra sociedad cree y premia, la capacidad de sentir lo que siente otra persona y empatizar con ella es un rasgo que hay que admirar y valorar. Es, de hecho, una verdadera ventaja en el entorno adecuado.

MÁS ALLÁ DE LA EMPATÍA

Mencioné al principio de este capítulo que no todas las personas empáticas son iguales. Si bien todas compartimos una mayor sensibilidad a la energía, existe un subgrupo de personas empáticas a las que yo denomino «almas viejas empáticas», entre las que yo me incluyo. Estas personas poseen una empatía más desarrollada aún. También tienen lo que la psicóloga Sandra L. Brown, fundadora del Institute for Relational Harm Reduction, llama los «superrasgos» de la amabilidad, la responsabilidad y la iniciativa. Son excepcionalmente optimistas, poseen una actitud dinámica, una excelente ética laboral, compasión, paciencia y la capacidad de ver lo mejor en todo y en todos.

Estas personas —de las que un 75 por ciento son mujeres y un 25 por ciento son hombres— son las que sostienen cualquier iniciativa en la que participan. Tanto si es un matrimonio como una carrera profesional o un negocio, son quienes dan el 80 por ciento mientras que quienes las rodean pasan con un 20 por ciento. Las personas con superrasgos se convierten en sobrehumanas y acaban siendo la persona a quien todo el mundo recurre en la familia o en el trabajo cuando hay un problema. Son los directores generales de las empresas y las familias, manejando hábilmente las tareas y las responsabilidades con facilidad. Son los médicos y los cirujanos con una espléndida reputación de curadores. Son los jefes que hacen brillar a sus empleados. Y son los progenitores que llevan a toda velocidad a sus increíbles hijos de una actividad a otra antes de irse a recaudar fondos para una causa humanitaria en la que creen. Todo en sus vidas parece fácil, ordenado y equilibrado.

Al describir este grupo de personas, Sandra Brown escribe: «Los superrasgos llevan el concepto de persona empática un paso más allá. Si bien las personas empáticas se centran básicamente en el rasgo de la empatía, la teoría relativa a los superrasgos indica que éstos son rasgos *adicionales* que concuerdan con la empatía. Son rasgos de la personalidad innatos que siempre acompañarán a alguien y que actúan como un filtro que nos permite interpretar, o mal interpretar, las señales de alarma recibidas. Otros superrasgos como la tolerancia, el optimismo con respecto a la naturaleza humana, suponer que los demás son como uno mismo, la cordialidad, la franqueza y la sinceridad se enmarcan, todos ellos, en el rasgo general de la "amabilidad", del que la empatía es un factor».

En mi opinión, los superrasgos y la hiperempatía que exhiben las almas viejas empáticas se derivan del hecho de haber estado aquí muchas veces antes. Han aprendido las lecciones del mundo viviendo siglos de dificultades. Han tenido experiencias de diversas vidas y saben lo que será necesario para hacer que el mundo sea un lugar mejor, y su existencia misma puede contribuir a ello. Las almas viejas empáticas pueden ser personas muy serias porque, a cierto nivel, incluso al nacer, saben qué significa venir al mundo. Saben en lo que se meten, y regresar no fue una decisión fortuita. Por más necesario que fuera.

Hablo del regreso de un alma como necesario porque es un viaje que todos tenemos que hacer. El destino de cada una de nuestras almas es la iluminación. Es el nirvana. Pero este estado no se alcanza rápida o fácilmente. Cada alma debe aprender las lecciones del amor y de la aceptación que enseña la experiencia de la vida. El alma tiene que aprender qué significa ser la oscuridad y la luz, el maltratador y el maltratado, el débil y el poderoso. Tiene que vivir todas las situaciones para alcanzar una verdadera iluminación.

Antes de encarnarte en cada vida, tu alma firma un contrato de alma que dicta las lecciones que se aprenderán en esa vida. Los hechos que vives forman parte de un plan para acercar más tu alma a la iluminación. Y a una vibración mucho más alta. A medida que tu alma avanza en esa dirección, te vuelves mucho más consciente del viaje del alma.

Las almas viejas empáticas representan alrededor de entre un 0,5 y un 1 por ciento de la población, según el maestro espiritual y autor Lee Carroll. Las almas viejas nos reconocemos al vernos. Somos familia. Nos «entendemos» unos con otros y «entendemos» lo que pasa. No es necesaria ninguna explicación. Existe un reconocimiento. Es inmediato. Y no tiene nada que ver con el lugar donde nos criamos o la universidad a la que fuimos.

Vemos el mundo de un modo distinto. Alumbramos con una luz la verdad de las cosas que suelen quedar fuera de lo convencional: la medicina energética, la homeopatía, los guías espirituales y muchas más. Son cosas que la mayoría de la sociedad ha ridiculizado y degradado desde hace siglos.

Mis amigos almas viejas y yo bromeamos a menudo sobre nuestras vidas pasadas, a pesar de que esas vidas no fueran a veces cosa de risa. En una vida anterior, mi profesora de pilates, Hope Matthews, y yo estábamos juntas en el mismo cadalso a punto de ser ahorcadas. Y en otra, me arrastraron y descuartizaron. En otra más, me quemaron en la hoguera. Cuando lo menciono en mis conferencias, suelo ver ahora a personas del público que asienten con la cabeza. Mi público, hoy en día, está lleno de almas viejas empáticas.

Las almas viejas han sido los chamanes, los curanderos, las comadronas, los tarotistas, los músicos, los magos y miembros atípicos de nuestras comunidades en una vida tras otra. Y en la energía patriarcal e infundida de miedo que ha oprimido el planeta Tierra los últimos 5.000 años más o menos, hemos sido castigados, abandonados o traicionados sin cesar, una y otra vez, por lo que sabemos y lo que creemos. Las almas viejas están en todas partes. Y en todos los ámbitos de la vida. Solemos usar péndulos y cartas oráculo para ayudarnos a tomar decisiones, aunque muchas veces mantenemos todo esto oculto hasta sentirnos seguras. Nos gusta frecuentar librerías metafísicas, centros de meditación y *ashrams*. Pero también reconocemos la energía oscura y la evitamos cuando la sentimos.

Si te reconoces en la descripción de los superrasgos pero te cuesta identificarte con el resto de esta definición, no te preocupes. No todas las almas viejas empáticas recuerdan vidas pasadas, ni tampoco todas creen en ellas. Sin embargo, es probable que entiendas mejor la energía del mundo de lo que te gustaría admitir.

PERSONAS EMPÁTICAS Y VAMPIROS

Todos los seres humanos irradian energía, pero las personas empáticas irradian un tipo particular de energía compasiva y comprensiva que representa una deliciosa sangre vital para los vampiros energéticos. Si bien todas las personas empáticas pueden ser víctimas de los vampiros energéticos, las almas viejas empáticas con superrasgos son especialmente atractivas para los vampiros debido a su nivel más elevado de energía y de confianza en sí mismas, y también a que creen en la bondad de todo el mundo. Esto es lo que hace que sigan en relaciones que los consumen. Las almas viejas empáticas creen, en lo más íntimo de su corazón, que todo el mundo puede cambiar, por lo que permanecen años junto a los vampiros, aunque su propia salud y confianza en sí mismas mengüen.

Las personas empáticas que no creen que todo el mundo es básicamente bueno pero aun así son muy sensibles a la energía suelen ser mucho más hábiles a la hora de identificar las señales de alarma que sugieren que alguien es un vampiro; como consecuencia de ello, pueden alejarse o marcharse antes de que la pérdida para su organismo sea demasiado grave.

Dicho esto, es fundamental que todas las personas empáticas conozcan las dinámicas en juego en lo que a vampiros energéticos se refiere. Sin estos conocimientos, y sin la información sobre cómo sanar de los encuentros con los vampiros, jamás alcanzarás todo tu potencial. Jamás estarás tan sano y alegre como puedes estar ni serás tan activo o cariñoso como puedes ser, sino que quedarás preso en las heridas de tu pasado.

2

Las heridas que hemos venido a sanar

No hace mucho estaba pasando el control de seguridad en el aeropuerto de LaGuardia, en Nueva York. La agente de la Administración de Seguridad en el Transporte era una joven rubia que parecía sumida en una especie de trance airado, sin establecer siquiera contacto visual con la gente cuyos documentos de identidad y tarjetas de embarque estaba examinando. El agente situado junto a ella estaba igualmente desconectado. Ni siquiera pude saber si estaba trabajando o si su puesto estaba abierto. Así de ausente estaba. Viajo mucho, y ellos dos fueron, con creces, los individuos más desconectados con los que he interactuado en mucho tiempo. Eran como autómatas.

En mi juventud, esta interacción me habría dejado tocada, por lo menos un momento, preguntándome cómo podría alguien animar a esas personas o cambiar la situación. Ahora soy más juiciosa. La mayoría de veces.

Recuerdo como en la época en que tenía una consulta médica, y antes de que existieran los medios sociales, en ocasiones recibía cartas de pacientes cuyas necesidades no había satisfecho. Hasta recibí una de una madre que me culpaba del suicidio de su hija porque no la había aceptado como paciente años antes. Cada vez que me llegaba una de estas cartas, me quedaba hecha polvo. Jamás se me ocurrió pensar que era imposible complacer a todo el mundo. O que la persona que escribía la carta tenía unas prioridades que no incluían mi bienestar. Después de todo, yo pretendía salvar a las mujeres. Esas cartas significaban que había fracasado. No podía arreglar lo que estaba mal. Así que, después, me pasaba días fustigándome por mi falta de compasión, destreza, amor, comprensión, etc. Mis pensamientos entraban en una espiral: *¿Qué había hecho mal? ¿Tenían razón? ¿Qué podía mejorar? ¿Cómo podía hacerlo mejor?*

Lo mismo ocurría con los formularios con las reacciones escritas que me solían entregar tras las conferencias para grupos profesionales. Aunque recibiera 100 comentarios sobre lo mucho que la gente había disfrutado y se había beneficiado de lo que les había transmitido, yo me fijaba en el único comentario negativo sobre la pérdida de tiempo que había sido mi conferencia. O acaso en lo mucho que detestaban mi voz o mi vestimenta. Ese único comentario negativo se enconaba en mi interior como una astilla clavada en el corazón.

Si bien la inmensa mayoría de reacciones que recibía, y sigo recibiendo, era positiva, me siento atraída por las una o dos valoraciones negativas incluidas como una mariposa nocturna a una llama mortal. A pesar de que esto es cierto para mucha gente, es especialmente cierto para las personas empáticas. Ello se debe a las heridas y los malentendidos de nuestra energía que hemos experimentado en esta vida, y en el caso de las almas viejas empáticas, muchas vidas antes.

VERGÜENZA Y CULPA

Es importante comprender del todo a qué me refiero al hablar de heridas porque estas heridas conforman nuestras vidas. Influyen en el modo en que reaccionamos en cada situación. Influyen en lo mucho que creemos en nuestras capacidades. Influyen mucho en todo lo que nos convierte en quienes somos. Y esas heridas adoptan la forma de vergüenza y culpa. Éstos son, sin lugar a dudas, los dos mayores obstáculos a los que se enfrentan las almas viejas responsables para florecer.

A muchos nos han hecho sentirnos avergonzados por nuestra posición social, nuestra talla, nuestra edad, nuestros ingresos, cómo hablamos y de dónde procedemos. Se trata de aspectos, todos ellos, habituales. Si vives en el planeta Tierra, hay un cien por ciento de probabilidades de que alguien te avergüence por algo. En muchos sentidos, la presión social para ser perfectos es ahora mayor que nunca. Las niñas se preocupan por no ser demasiado gordas con apenas ocho años. Y los jugadores de once años soportan los gritos de los progenitores de los demás niños de su equipo por algo que hicieron durante un partido de *hockey* infantil. Frases como «Los niños mayores no lloran» y «¿Qué eres, un blandengue?» o «¿No te parece que estás algo regordeta?» pueden plantar la semilla de la autolesión y el odio hacia si mismo en una persona altamente sensible y responsable. Los niños varones a los que se ha hecho pasar vergüenza tienen tendencia a adoptar una conducta impulsiva, mientras que las niñas interiorizan la vergüenza, lo que a menudo provoca depresión, trastornos de la alimentación o perfeccionismo.

Si bien la vergüenza que experimentamos de nuestros conocidos puede ser dura, la vergüenza verdaderamente dañina es la que nos inflige la gente que se supone que tiene que protegernos. El doctor Mario Martinez, en su brillante libro *The MindBody Code*, indica que todas las tribus lastiman a sus miembros causándoles tres heridas arquetípicas: vergüenza, abandono y traición. Tu tribu podría ser tu familia, tu profesión, tu religión o cualquier otro grupo de cuyo apoyo hayas dependido y con el que te identifiques. En todo el mundo, las tribus usan estas heridas para mantener a sus miembros «a raya». Las heridas son fruto de las expectativas sobre cómo «deberían» ser las cosas.

Estas expectativas se forman según los dictados de la sociedad a gran escala (país, patrimonio, etcétera) y a pequeña escala (religión, grupos de actividades, etcétera). Un ejemplo clásico de estas expectativas es la heterosexualidad. La vergüenza y la culpa intensas que experimenta un niño homosexual de una familia muy convencida de que la heterosexualidad es la única forma posible podrían crearle sentimientos extremos de odio hacia si mismo y de falta de confianza en sí mismo.

Las expectativas de la familia también pueden estar conformadas por las heridas que experimentaron los miembros de la familia. Piensa en ello. Si tu madre era una niña estudiosa a la que hacían sentirse avergonzada porque no era divertida, podría hacer todo lo que estuviera en su mano para protegerte de esta vergüenza. Te apuntaría a actividades que parecieran divertidas sin tener en cuenta tu verdadera naturaleza.

Hacer que la gente viva de acuerdo con estas expectativas usando la vergüenza, la culpa y el abandono es muy eficaz porque experimentar estos sentimientos es muy doloroso, especialmente para una persona empática que siente tan intensamente la decepción y la opinión de los demás. Y entonces comete el error de creer que hay algo malo en ella.

Cuando nos hacen sentirnos avergonzados de niños por ser quienes somos realmente, empezamos a dudar de nosotros mismos. Interiorizamos la creencia de que hay algo intrínsecamente malo en nosotros. Y eso conduce al autocastigo, a la autoculpabilidad e incluso al odio hacia si mismo. Si creciste en un hogar en el que sólo te premiaban por hacer lo que querían que hicieras, y te hacían sentirte avergonzada por aquello por lo que te sentías naturalmente atraída, puede que crecieras dudando mucho de ti misma. Y con poca confianza en ti misma.

UNA VIDA DE HERIDAS

Las heridas que experimentas en la infancia conforman toda tu vida, la mayoría de las veces sin que te des cuenta siquiera. Forman el sistema de creencias que te sirve de base, y la inmensa mayoría de estas creencias ni siquiera es consciente. Alrededor del 90 por ciento de ellas, y las consiguientes conductas que se derivan de las mismas, se nos programan antes de los siete años. Todas ellas nos pasan desapercibidas, pero influyen en nuestra biología y en nuestras circunstancias automáticamente. Nos fueron trasvasadas antes de que nuestros intelectos entraran en juego, lo que sucede más o menos cuando se mudan los dientes de leche. Estas creencias y conductas inconscientes nos fueron transmitidas por nuestros progenitores y, anteriormente, por sus progenitores. Piensa en ello. Si tus progenitores creen que una parte esencial de ti, como tu capacidad de percibir otros mundos, está mal, no se les ocurrió a ellos solos. Es probable que sus progenitores les transmitieran esta creencia.

Así que, cuando nos dicen que hay algo malo en nosotros, nos avergonzamos de nosotros mismos, convencidos de que somos imperfectos y de que no somos dignos de lo mejor que la vida puede ofrecernos. Cuando eso sucede, nos mueve una insaciable necesidad de demostrar nuestra valía. Tenemos una infinita necesidad de contar con la aprobación de los demás para sentirnos bien con nosotros mismos. Nuestras personalidades, incluidos nuestros superrasgos, y los vínculos que formamos con los demás están dominados por nuestras heridas, no por nuestras fortalezas y nuestra magnificencia. Las creencias subyacentes sobre nuestra valía en el mundo son fruto de las heridas que hemos experimentado. Estas creencias y las relaciones que establecemos basándonos en ellas nos llevan a vivir en un entorno que probablemente estará lleno de rabia, culpabilidad y juicios de valor; lo que hace que no podamos dejar de sentirnos desconectados y que somos unos inútiles.

Hasta que empecé a trabajar para sanar mis propias heridas no me percaté de lo importantes que habían sido a la hora de crear la vida que había llevado. Ellas son la razón de que yo me haya dedicado con tanta entrega a abrir los ojos a las mujeres sobre el verdadero poder de sus cuerpos. Ellas son la razón de que haya podido valerme estupendamente por mí misma. Pero también son la razón de que haya tenido relaciones que no propiciaban la mejor versión de mí misma y situaciones que me han alejado de la llamada de mi alma.

Hace poco, en una sesión, un sanador experto me orientó para que identificara dónde se habían originado mis creencias sobre la vida. Tras invocar a mis guías y ángeles, y los suyos, para esta sesión sanadora, este sanador me puso las manos en el abdomen. Los 12 años de edad surgían una y otra vez. Me «vio» llorando junto a una valla, y dijo que notaba una enorme cantidad de dolor de aquel momento. Y tenía razón. Cuando tenía 12 años, desarrollé fascitis plantar, astigmatismo, migrañas clásicas y el inicio de menstruaciones dolorosas. Mi dolor menstrual era tan intenso que tuve que saltarme las clases cada mes durante años. Y después, tenía incluso que anular intervenciones quirúrgicas. El sanador con quien estaba trabajando me ayudó a eliminar parte del dolor de mi cuerpo, pero no estaba claro su verdadero origen, hasta que aquella misma noche un sueño me hizo tomar conciencia de una herida muy grande.

En el sueño, estaba con mi familia actual y todos ellos estaban acompañados de sus parejas y sus hijos. También estaba mi padre (aunque murió cuando yo tenía 28 años). Yo había pasado la noche en una casa que me era desconocida. Y por la mañana, me levantaba porque tenía que tomar un tren y un avión para hacer no sé qué trabajo. Mi cuñada me traía la maleta. Pero estaba vacía. No podía encontrar ninguna de mis prendas de ropa, que estaba guardada en cajones la noche anterior. Se me hacía tarde y tenía que tomar ese tren. Así que pedía a los miembros de mi familia que me ayudaran a encontrar mis cosas. Pero todos me ignoraban. No dejaba de suplicarles: «Ayudadme, por favor. ¿Nadie va a ayudarme, por favor?» Y entonces me desperté llorando, sintiendo la tristeza de mis 12 años en todas las células de mi cuerpo. Y durante unas horas, me quedé con las emociones que este sueño me había provocado. Y lloré y lloré.

Evidentemente, la sanación había destapado el tarro de mi subconsciente. Me di cuenta de que a los 12 años, como oveja negra de la familia, había decidido que nadie iba a ayudarme a alcanzar mis metas porque eran muy distintas de las de los demás miembros de la familia. Era una estudiante excelente en una familia que estaba mucho más interesada en el rendimiento deportivo y el montañismo. Una vez, cuando pedí un lugar tranquilo para estudiar (al traducir *La guerra de las Galias* de Julio César del latín), mi padre dijo: «No podemos cambiar nuestras vidas por ti». Naturalmente, si hubiera querido convertirme en una atleta olímpica, como mi hermana, habrían removido cielo y tierra por mí. Mi madre llevaba en coche a mi hermana a competiciones de esquí todos los fines de semana (diez horas de ida y diez más de vuelta), mientras yo preparaba la comida a la familia durante su ausencia. Nunca cuestioné esta forma de organizarnos porque todos estábamos muy orgullosos de ella. Por aquel entonces era la más joven del circuito de la Copa del Mundo. Una atleta increíblemente privilegiada. Todavía lo es. Nos granjeó mucha estima a toda la familia.

Tras ese sueño, me quedó claro que a los 12 años había decidido que la única persona en quien podía confiar realmente era yo misma, y que nadie iba a ayudarme. Si quería encajar y ser valorada, lo mejor sería que averiguara cómo aportar valor y servir a los demás. Como cocinar y hornear. Y limpiar. O dar conciertos de arpa improvisados a los invitados, tanto si quería como si no. Así es como viví mi vida durante décadas. Mientras tanto, ocultaba gran parte de aquello en lo que realmente creía. Aprendí a encajar en casi cualquier situación que se presentara, tanto si me satisfacía como si no. Y eso incluía muchas acampadas bajo la lluvia, escalar montañas con una pesada mochila a cuestas, pasar frío y humedad en pistas de esquí, hacer de *caddie* de golf a mi madre y tratar desesperadamente de aprender a jugar al golf y al tenis mientras mis padres y mis hermanos, que tenían un talento innato para el deporte, se burlaban de mí. Para muchos, mi infancia parece ideal. Para mí fue, en muchos sentidos, una tortura. Aun así, todo eso fue una excelente preparación para la facultad de Medicina y la formación quirúrgica. Y sé que mi alma lo eligió. Sin esa base, jamás habría tenido la resistencia ni la disciplina para hacer el trabajo que he hecho hasta ahora.

Así pues, ¿cómo la situación con mi familia originó mis síntomas adolescentes? Si piensas en la adolescencia, ésta es la época en que la gente se interesa por encontrar respuesta a preguntas como «¿Quién soy?» y «¿Por qué estoy aquí?» Para mí, estas preguntas me llevaron a las respuestas «No soy lo bastante buena» y «No encajo». Me llevaron a dudar de mí misma y a sentir que tenía que ocultar quién era realmente. La vergüenza, la culpa y la rabia, aunque no recuerdo haber sentido rabia entonces, provocaron los dolores de cabeza, los problemas oculares y las molestias menstruales.

Por favor, recuerda que el dolor que liberé durante ese sueño y después de él era el dolor de una niña de 12 años herida, no de la adulta que soy ahora. Mi familia me apoyó en muchos sentidos, como pagarme clases de música y llevarme en coche a ellas, pagarme la universidad y comprarme un arpa de concierto. Pero el dolor es dolor. Y es asombroso percatarse de que, a cierto nivel, esa niña afligida de 12 años que decidió que no podía confiar en nadie había estado dirigiendo de un modo importante mi vida durante décadas. El dolor aflora a la superficie cuando tienes un ego lo suficientemente fuerte y la madurez suficiente para lidiar con él. Evidentemente, había llegado el momento de que confiara más y dejara atrás el pasado.

Las heridas de mi vida, y de todas mis vidas anteriores, me llevó a convertirme en quien soy, pero había llegado el momento de dejarlas atrás. Ésta es la sanación que había venido a experimentar a la tierra en esta vida.

LAS HERIDAS DE NUESTROS ANTEPASADOS

Ocuparse de las heridas de nuestras propias experiencias es bastante duro, pero no es ahí donde termina la herida; ni, en realidad, donde empieza la herida. Los traumas pueden transmitirse genéticamente de abuelos a padres y de padres a hijos. Cuando se sufre un trauma, se produce un cambio químico en nuestras células. Este cambio químico se incorpora a nuestro ADN y cambia la forma en que nuestros genes funcionan. En su libro *Este dolor no es mío: identifica y resuelve los traumas familiares heredados*, Mark Wolynn, director del Family Constellation Institute, enseña que los cambios en el ADN que son fruto de un trauma están diseñados para protegernos a nosotros y a nuestros hijos asegurándose de que estamos preparados para lidiar con el trauma original. Pero ¿y si nosotros o nuestros hijos nos estamos preparando constantemente para un trauma que ya no existe? Si creciéramos en una zona de guerra, seguramente aprenderíamos a escondernos y guarecernos de las bombas y los disparos. Y sería más probable que nuestros hijos reaccionaran automáticamente de manera exagerada incluso cuando estuvieran seguros.

El trauma de nuestros padres, abuelos y bisabuelos puede pervivir en nuestras palabras angustiadas, nuestros miedos, nuestros comportamientos y nuestros síntomas físicos inexplicados. Es lo que se conoce como trauma familiar heredado o TEPT secundario. Aunque la persona que sufrió el trauma original haya fallecido, o la historia haya sido olvidada o silenciada, el recuerdo y los sentimientos pueden seguir vivos. Esto ha sido demostrado de modo espectacular en los nietos de supervivientes del Holocausto que solían tener pesadillas sobre campos de exterminio y sobre morirse de hambre a pesar de que les hubieran protegido de la historia de sus abuelos y nunca hubieran sabido nada sobre lo sucedido.

Wolynn escribe: «Estos legados emocionales suelen estar escondidos, codificados en todo, desde la expresión genética hasta el lenguaje cotidiano, y desempeñan un papel mucho más importante de lo que jamás se haya creído en nuestra salud física y emocional».

Como persona empática, estás aquí para transformar no sólo las heridas de tu vida sino también el legado de dolor. Estás aquí para acabar con el dolor.

3

Las relaciones de los vampiros con las personas empáticas

Dada nuestra propensión innata a cuidar de los demás, junto con las heridas que las personas empáticas hemos soportado, y el esfuerzo que hemos hecho para ser aceptadas, no es extraño que seamos una presa apetecible para personas que se alimentan de la energía que las rodea. Es especialmente así en el caso de las almas viejas empáticas porque creemos en la bondad de las personas. En el fondo de nuestro corazón y nuestra alma, vemos lo mejor en todo y en todos. Podemos ver el potencial de otra persona a un kilómetro de distancia y, por naturaleza, queremos ayudar a fructificar ese potencial. Somos las animadoras dinámicas, leales y entusiastas que avivan la llama del amor y la luz, incluso cuando los demás son incapaces de verla. Venimos al mundo con siglos de sabiduría sanadora.

La tendencia innata de las personas empáticas es querer mejorar las situaciones. Mejorar la vida de la gente y proporcionar a los demás las oportunidades que, muy a menudo, nosotras no tuvimos.

De modo que, por naturaleza, nos sentimos atraídas por los miembros de la humanidad que «necesitan reformas», aquellos que necesitan nuestra luz. Ayudar hace sentir bien. De hecho, es uno de los verdaderos placeres de estar en la tierra. No hay nada que satisfaga más que ver cómo quien tiene todas las de perder remonta y gana, especialmente si ello se debe a que esa persona ha encontrado por fin a alguien que la acompañe y la apoye. Por ejemplo, esta primavera conocí a un hombre que pasó de vivir en un hogar de acogida a convertirse en un boxeador conocido internacionalmente. El punto de inflexión fue cuando otro hombre lo vio entrenando y dijo: «Tienes algo especial. Veo algo en ti. Quiero ayudarte». Eso fue la clave que le dio la vuelta a todo. Sabemos que tener tan sólo una persona que cree en nosotros y nos acompaña puede marcar toda la diferencia a la hora de hacer realidad o no nuestros sueños.

Cuando una relación va en beneficio mutuo, tanto si se trata de crear un hogar, una familia o un negocio como de estar al servicio de los necesitados, se genera una magia alquímica. La desenfrenada energía sanadora de dos o más personas trabajando en armonía para hacer el bien crea una tercera energía que es mayor que la que cada persona generaría individualmente. Ésta es la energía sanadora cuántica de la que Jesús hablaba al decir: «Cuando dos o más de vosotros os reunís en mi nombre, yo también estaré allí».

Ahora bien, en el otro lado del espectro hay relaciones que no apoyan. Es entonces cuando surge el problema. Si iniciamos una relación con alguien que no está en la relación por motivos sanos, nuestras heridas se activan. Como creemos que tenemos que ofrecer algo de valor para que nos acepten, nos esforzamos por hacer felices a los demás, a costa incluso de nuestra salud y nuestra cordura. Como no creemos que nadie nos vaya a valorar por quienes somos realmente, no nos atrevemos a compartir nuestras vulnerabilidades en las relaciones por miedo a que nos rechacen. Una vez, un hombre se refirió a mí como hecha «a prueba de balas» en comparación con otras mujeres. Lo que quería decir es que no parecía tener ninguna necesidad ni vulnerabilidad. ¡Qué equivocado estaba! Simplemente, había adquirido la habilidad de toda una vida para esconder esas necesidades. Y lograr satisfacerlas yo misma.

Como mencioné en el capítulo 1, todas las personas empáticas son vistas como presas, pero suelen ser las almas viejas empáticas quienes se enredan en relaciones duraderas con un vampiro porque tendemos a creer lo mejor de todo el mundo al suponer que los demás son como nosotras. Simplemente, no vemos las señales de alarma que los demás suelen captar. Así que idealizamos a la gente y las relaciones de una forma que no es realista ni saludable. Un buen ejemplo del cuento de hadas por el que nos sentimos atraídas es la icónica escena de la película *Jerry Maguire*, en la que Jerry (interpretado por Tom Cruise) se presenta en el salón de su amada durante un grupo de apoyo para divorciadas y le dice al personaje de Renée Zellweger que su éxito no ha significado nada para él porque ella no estaba allí. Y acto seguido suelta: «Tú me completas». Y todas las mujeres presentes se derriten, deseando que algún hombre les diga eso a ellas.

Como muchas personas empáticas, poseemos un niño interior con heridas sin sanar que se ha pasado la mayor parte de nuestras vidas intentando obtener amor a través del servicio y del sacrificio. Tendemos a asumir demasiada responsabilidad para la salud de una relación. Estamos tan acostumbradas a dar en exceso que, si alguien nos ofrece un 25 por ciento a cambio de nuestro 75 por ciento, creemos que finalmente hemos alcanzado el nirvana de una relación. Dios mío, ha bajado la tapa del retrete. Tiene que quererme.

Cuando no nos sentimos bien con nosotros mismos, nuestras relaciones siguen los impulsos de las necesidades no satisfechas de ese niño interior. Volveré sobre esta cuestión cuando aborde las heridas que las personas empáticas tenemos que sanar en nuestro interior. Damos lo que anhelamos desesperadamente recibir. Estar a solas con nuestras heridas no es ninguna opción, por lo menos hasta que las reconocemos. De modo que podemos permanecer demasiado tiempo en relaciones en las que damos en exceso y recibimos demasiado poco, especialmente cuando la relación se ve bien desde fuera. Al fin y al cabo, parecer normal tiene, sin duda, ventajas sociales.

Esto puede ser un problema en cualquier relación que no brinde apoyo, pero resulta especialmente devastador cuando tenemos una relación con un vampiro energético.

UNA FUERZA A TENER EN CUENTA

Los vampiros energéticos, como comenté anteriormente, se alimentan de la fuerza vital de los demás. A diferencia de una relación en la que la disfunción puede basarse en personalidades incompatibles, la disfunción en una relación con un vampiro energético se basa en una cuidadosa manipulación.

Los vampiros energéticos consiguen que la energía no deje de fluir hacia ellos hurgando magistralmente en las heridas de quienes les rodean. Las personas empáticas son, pues, un blanco especial para los vampiros energéticos porque las heridas de sus vidas son muy profundas, lo que significa que son más fáciles de manipular. El vampiro energético se engancha a la persona empática usando lo que yo llamo «intuición maligna». Con ello me refiero a que poseen un infalible sexto sentido para captar las heridas de una persona empática. Saben exactamente lo que la persona empática ha anhelado oír toda su vida. Los vampiros van directos a la herida, y bombardean entonces a la persona empática con la clase exacta de atención y reconocimiento que ha anhelado vivir desde que nació... y puede que incluso desde hace varias vidas. Para alguien empático, esta clase de atención es un gran alivio. Ahhh..., por fin alguien que «me comprende».

Pero éste no es el caso en absoluto. El vampiro, simplemente, conoce las debilidades de la persona empática y se aprovecha de ellas. Son plenamente conscientes de lo que están haciendo.

Sé que podéis estar pensando ¿En serio? ¿Todo el mundo que me succiona energía lo hace aposta? Pues no. Hay personas que succionan energía de modo involuntario. Estas personas comparten algunas de las características de los vampiros en toda regla, pero no se incluyen totalmente en el espectro de trastornos de la personalidad de los que estamos hablando.

Estas personas negativas pueden no ser conscientes de su impacto en los demás. Puedes averiguarlo del siguiente modo. Estás con una amiga que es una agonías, y encuentras una forma cariñosa y compasiva de decirle que su energía te está mermando. Y es un patrón regular que te preocupa. Su respuesta te dirá todo lo que necesitas saber. Si se avergüenza, admite esta crítica y está dispuesta a admitir que tu punto de vista es válido, no estas tratando con una vampira. Pero si se echa a llorar y adopta enseguida el papel de víctima, o se enoja y te pregunta qué problema tienes, ya tienes tu diagnóstico. Una persona normal admitirá su parte y se esforzará por repararla. No te juzgará mal por decirle tu verdad. De hecho, hacerlo fortalecerá la relación. La gente de bien tiene la capacidad de experimentar verdadero remordimiento y el deseo de cambiar, igual que tú. Los vampiros, no.

Trataremos más este asunto en el capítulo 5, cuando profundicemos más en las características de los vampiros energéticos, pero tienes que saber que los auténticos vampiros energéticos saben exactamente lo que están haciendo. Son increíblemente hábiles para detectar tus debilidades y aprovecharse de ellas.

La confusión se crea porque, en una relación entre vampiro y persona empática, al principio el vampiro apoya mucho tus metas y tus sueños. Como el vampiro suele ser tan hábil para apoyarte inicialmente en tus esfuerzos por sanar, empiezas a confiar en él y en su juicio. Crees que finalmente has encontrado a alguien que te comprende, con heridas incluidas. Te relajas y bajas la guardia, y quizá le dejas entrar en tu vida más de lo que habías permitido a nadie. Ya te ha clavado los colmillos.

Entonces empieza a criticarte y a usar su conocimiento íntimo de ti para desacreditar a las personas, las cosas y los sueños que te apasionan, y que al principio apoyaba.

En un momento de mi carrera profesional, tuve una colega que me apoyaba y me ayudaba muchísimo en mi trabajo. Era algo extraordinariamente raro en aquel momento, porque, como médica holística, siempre estaba esperando lo inevitable y que las «autoridades» me castigaran de algún modo por mis creencias y mi forma de abordar la curación.

Con el tiempo, sin embargo, esta persona usó su intuición para decirme lo que tenían de malo todas las personas que llegaban a mi vida, personal o profesionalmente. Al principio me resultó bastante desconcertante, ya que había sido una intuitiva de talento cuya orientación había resultado muy útil. Pero, pasado un tiempo, me di cuenta de que si no cortaba totalmente con esta amistad, acabaría apartada del mundo por completo, y la única persona que estaría interpretando mi realidad para mí sería ella. Hasta intentó interponerse entre mis hijas y yo. Pero vi el patrón. Era exactamente como los hombres maltratadores aíslan a sus víctimas. Suele suceder tan despacio, y bajo la apariencia de cuidar de ti, que cuando está ocurriendo no te das cuenta de lo que pasa.

LOS VAMPIROS DE TU VIDA

Así que echa un vistazo a tu vida. ¿Cuántos de tus amigos o, peor aún, de tus familiares te llaman sólo cuando quieren algo o tienen un problema? Observa que estas mismas personas jamás te llaman, simplemente, para preguntarte cómo estás. Va todo en una sola dirección, con toda la atención y energía dirigida hacia ellas, no hacia ti.

Fíjate en quien te llama para pedirte consejo o para quejarse, o simplemente para hablar sin cesar mientras tú escuchas. Es un patrón que yo seguí durante décadas hasta que finalmente caí en la cuenta de que esas personas nunca llamaban a no ser que quisieran algo. Te pondré un ejemplo. Me llamaba un viejo amigo y pensaba *Oh, qué majo. Se pone en contacto conmigo porque se preocupa por mí y quiere saludarme.* Mi niña interior se entusiasmaba: *Oh, genial. Quiere saber cómo estoy. Se preocupa realmente por mí.* Y entonces ocurría siempre lo inevitable al darme rápidamente cuenta de que la única razón por la que me llamaba era para que le facilitara una cita para incluirla en su relato, para que le hiciera una introducción o le diera algún consejo para curar algún problema de salud que él o algún conocido suyo tenía. La ligera apariencia de preocuparse por mí desaparecía muy deprisa. Sin dar nada a cambio.

Antes de que las personas empáticas nos percatemos de lo que pasa y detengamos esta conducta, solemos encontrarnos compartiendo generosamente nuestros conocimientos, nuestro tiempo y nuestros recursos con aquellos que nos llaman por la noche, los fines de semana y, básicamente, a cualquier hora que les vaya bien a ellos. Damos generosamente porque somos así por naturaleza. E impulsamos su potencial. Con cariño. Y cuando cuelgan, nosotras, al principio, puede que durante años, nos sentimos bien con nosotras mismas por ser valiosas para ellos. Pero con el tiempo, descubrimos que no podemos contar con ellos. Y que muchas veces ni siquiera siguen nuestros consejos. Y nada cambia. Simplemente, querían un chute de nuestra energía, o una voz al otro lado del teléfono diciéndoles lo que ya saben. O, si no, quieren que hagamos algo por ellos.

Esos que llaman y nunca cambian tienen muy a menudo mucho drama en su vida. Se alimentan de él. Y lo crean. Por eso, a primera vista, es tan emocionante estar con ellos. ¿Te has fijado? Hace poco, fui a ver a una vieja amiga y nos pusimos a hablar de la amiga que nos había presentado unas décadas antes. La llamaré Joan. Cuando comentábamos nuestras historias sobre Joan, ambas nos dimos cuenta de que cada una de nosotras había pasado horas y horas a lo largo de los años escuchando sus dramas, intentando ayudarla a resolver sus problemas. Pero nunca cambió. Simplemente, pasaba de un drama a otro mientras nosotras tratábamos de ayudarla económica y socialmente. Finalmente, ambas vimos el patrón y nos alejamos de ella. Intercambiar impresiones fue revelador. ¿Tú también? Sí. Yo también.

Verás, si no hubiera ningún drama, los vampiros energéticos tendrían que considerar el lado espiritual de la vida. Pero lo temen. El trauma y el drama les son cómodos. Por eso el ciclo de noticias preponderante de la opinión pública es tan negativo. Resulta familiar y cómodo. Y vende. También es adictivo. Siempre hay algo que arreglar. Algo externo a ti en lo que concentrarte para no tener que echar nunca un vistazo a tu interior; el único lugar donde radica tu verdadero poder. El lugar donde nadie más puede hacer el trabajo por ti.

Cuando no hay nada más que arreglar, lo único que te queda es la Divinidad, sea cual sea el nombre que elijas para denominarla. Y los vampiros no quieren eso porque su forma de abordar la vida les funciona. Sinceramente, creen que no tienen nada de malo. ¿Por qué tendrían que mirar en su interior? Todo lo bueno está fuera: dinero, sexo, poder. En un apartado de su libro *Sin conciencia: el inquietante mundo de los psicópatas que nos rodean*, el doctor Robert D. Hare, un experto en este campo, escribe sobre por qué nada parece funcionar con los peores de estos individuos: «Y he aquí el quid de la cuestión: los psicópatas no creen tener problemas psicológicos ni emocionales, y no ven ningún motivo para cambiar su comportamiento para adaptarse a los estándares de la sociedad con los que no están de acuerdo».

Las personas empáticas, en cambio, tienen por lo general una relación muy sólida con Dios y fe en una Fuente Divina. Nos sentimos mal por quienes no la tienen, y deseamos compartir esa fe profunda y perdurable con otra persona. Pero ellos no quieren hacer el esfuerzo de contactar con esa Divinidad interior. Prefieren conseguir un chute de nuestra energía para mantenerse a flote hasta la siguiente vez. Y si no vemos el papel que desempeñamos en mantener vivo este drama, y que consiste en intentar ser sus Poderes Superiores estando siempre disponibles y teniendo todas las respuestas, nos arriesgamos a perdernos y a permitirles quedarse enganchados. ¿Ves que esto suceda en alguna de tus relaciones?

ENGANCHADOS EN UNA RELACIÓN

Si tienes una relación con un vampiro energético, la pregunta es: ¿por qué no la abandonas? ¿Por qué no dices lo que piensas y te proteges?

Como mencioné, muchas personas empáticas logran abandonar estas relaciones. Ven los problemas y plantan al vampiro enseguida. Pero si eres de las que no lo hacen te diré que hay dos razones principales. En primer lugar, eres compasiva y bondadosa por naturaleza, por lo que, simplemente, puede que no veas las señales de alarma. Puede pasar si no estás prestando toda tu atención a tu intuición y las circunstancias que te rodean. Y en segundo lugar, tus heridas han creado en ti un enorme deseo de ser aceptada y una creencia absoluta en que no deberías herir los sentimientos de los demás. Y para las almas viejas empáticas existe una tercera cosa que nos mantiene enganchadas: realmente creemos que nuestro amor y nuestra ayuda pueden sanar a los demás; en este caso, al vampiro. Y aunque podemos ver las señales de alarma, creemos que las cosas serán distintas con nosotras; que las demás personas a quienes lastimó el vampiro no poseían la destreza y la compasión que tenemos nosotras.

Si bien nuestra reacción inicial a su inevitable maltrato es la rabia, el dolor y la decepción, rápidamente sofocamos estos sentimientos naturales y los sustituimos por culpabilidad, algo que aprendimos a hacer en el pasado, ya sea mucho tiempo atrás en otra vida o en la infancia. O, lo que es más probable, ambas cosas.

Cometemos el error de pensar que los vampiros energéticos son tan sensibles como nosotras. No queremos arriesgarnos a herir sus sentimientos, así que para protegerlos a ellos y sus sentimientos, y como se nos da tan rematadamente bien resolver problemas en todas las demás áreas de nuestra vida, seguimos dándoles nuestra energía y consumiéndonos antes que arriesgarnos a hacerles frente, defendernos y admitir lo enfadadas, dolidas y decepcionadas que realmente estamos. Y cortar después con la relación.

Asumimos la responsabilidad de intentar convencerles de que busquen ayuda y cambien su forma de actuar. Pero es un callejón sin salida, porque no cambian. Lo que tiene que cambiar en cualquier relación con un vampiro energético eres *tú*. Tienes que *tirar la toalla* finalmente y abandonar la relación. Sé que es difícil oír eso, especialmente si has invertido muchos años y recursos en hacer funcionar la relación, pero cuanto antes dejes de perder tiempo con el vampiro y te elijas a ti, más sana estarás y más feliz y eficaz serás.

Una de mis amigas, que se ha estado recuperando hace poco de un matrimonio con un vampiro energético, me contaba cómo ha cambiado su vida desde que por fin lo dejó. Como parte de su sanación, recordó una vida pasada en la que era vieja y estaba en una cueva. Toda su tribu la estaba abandonando. Y casi todos los miembros de la tribu habían sido niños a los que ella, como partera, había traído al mundo. Eso sí que es abandono y dolor. En su actual vida, su familia la llamaba rara desde que era pequeña por su interés por la meditación, el yoga, el sánscrito, la nutrición y la danza curativa. Sus aptitudes en estas áreas son excepcionales. Sin embargo, su confianza en sí misma y su grado de autoestima fueron siempre ínfimos dada su experiencia. Además, posee mucha energía de abnegación y siente mucha vergüenza a resultas de haber hecho votos de pobreza y castidad en muchas vidas monásticas pasadas, que incluían la autoflagelación y el lavado de cerebro sobre su valía como mujer.

Esto es lo que la había convertido en un blanco facilísimo para un vampiro energético a pesar de sus superrasgos y sus múltiples doctorados. Había venido a esta vida creyendo que para ella era imposible que alguien la amara, así que, cuando conoció a aquel hombre atractivo y encantador, que empezó la relación con un bombardeo amoroso y prestándole muchísima atención, lo dio todo. Cuando se conocieron, a él le acababa de caer dinero del cielo por la venta de un negocio familiar, un negocio que él no había levantado. Simplemente, heredó el dinero. Y entonces, justo después de que se casaran, empezó inmediatamente a poner una excusa tras otra sobre el motivo por el que sus empresas siempre fracasaban. Era, como dicen en Texas, «todo sombrero y nada de ganado», o sea, un embaucador.

Como mi amiga no conocía la danza mortífera entre las almas viejas empáticas y los vampiros energéticos, hizo todo lo que estaba en su mano para sostenerlo y lograr que tuviera éxito. Le pagó un puñado de cursos empresariales y también le costeó muchos de sus viajes de placer, todo el tiempo esperando que eso le hiciera feliz y le permitiera tener éxito. Al fin y al cabo, era alto y guapo, y tenía mucho potencial. Mientras ella trabaja más de ochenta horas a la semana en tres empleos distintos, él no aportaba casi nada. Y aun así, la acusaba de gastar más de la cuenta.

Tras diecinueve años así, mi amiga empezó a sufrir fatiga suprarrenal, insomnio, problemas de tiroides y dolor de mamas y a tener una autoestima muy baja. También empezó a dudar de su propia cordura.

La falta de autoestima y la necesidad de ser aceptados y amados que tenemos muchos de nosotros nos convierte en el blanco perfecto para los vampiros energéticos y las partes más oscuras de la naturaleza humana. Esto es cierto no sólo en nuestras relaciones más íntimas, sino también en los entornos laborales. Una mujer con la que trabajé tenía un empleo como secretaria personal de un hombre muy rico y próspero. Aunque era muy instruida y hacía muy bien su trabajo, él no dejaba de pedirle más. Y cuando ella decía: «Estas horas extras no figuran en nuestro contrato», él respondía: «Pero tú diriges toda mi vida, cielo. ¿Qué haría yo sin ti?» Y eso apelaba a su responsabilidad: *Oh, vaya. Realmente me necesita. ¡Estoy marcando la diferencia!* No lograba establecer un límite entre su vida privada y su vida laboral porque él siempre se lo saltaba. Una de sus compañeras de trabajo, que había visto este proceder con sus predecesoras, le dijo una vez: «Si sigues aquí en diciembre, sabré que estás loca». Cuando finalmente se marchó, debido a que su salud se resentía, las palabras finales de su jefe no fueron «Gracias por hacer un trabajo tan increíble». No. Fueron: «¿Me echarás de menos?»

Observamos también está dinámica en muchas relaciones espirituales. Como mencioné anteriormente, las almas viejas empáticas nos sentimos atraídas por las enseñanzas y las reuniones espirituales. Y muchas nos hemos interesado por algún gurú. Yo lo experimenté en primera persona cuando me involucré en un movimiento de meditación que se estaba poniendo en marcha. La organización se esforzó mucho por incorporarme como profesora. Hasta di unas cuantas charlas en mi ciudad natal. Pero pronto vi que esta organización, y otras como ella, esperaban una enorme cantidad de servicios no remunerados. La única persona que percibía dinero era el gurú. No estoy hablando de personas que han disfrutado de una experiencia fructífera con una organización espiritual que las ha inspirado y ha mejorado su vida. Esto es posible, sin duda. Pero hasta ahora he visto demasiados gurús de todas las tendencias, algunos religiosos y otros no, que embaucan a personas empáticas desprevenidas para que apoyen causas que terminan agotando la autoestima, el dinero y el tiempo de éstas. Esto ocurre sin cesar con líderes carismáticos que pretenden tener línea directa con Dios, cuando en realidad Dios no está fuera de nosotros en forma de profeta. Dios está en nuestro interior. Esto es lo que hemos venido a vivir y a enseñar con el ejemplo.

El vampiro, ya sea hombre, mujer, amante, colega del trabajo o gurú, sobrevive consumiendo la fuerza vital y los recursos de la persona empática, que muy a menudo acaba enferma, confundida, arruinada y emocionalmente devastada. Todo porque las heridas de la persona empática fueron usadas en su contra. Y ella no lo supo hasta que fue demasiado tarde.

SUCCIONAR TU FUERZA VITAL

Para comprender a qué me refiero al decir «sobrevive consumiendo la fuerza vital» tenemos que analizar el término *suministro narcisista*. Es algo que cambia las reglas del juego una vez conoces las dinámicas de una relación con un vampiro. El suministro narcisista es la «sangre» que la gente manipuladora succiona a las personas empáticas. Los vampiros manipulan a los demás para obtener este suministro narcisista, que adopta la forma de atención, dinero, sexo y posición social. Existe un viejo dicho: «Que hablen de mí aunque sea mal». Los vampiros suelen succionar todo el oxígeno de la habitación en la que están, porque hay alguna clase de abismo interior que no puede llenarse. Pero eso no les impide intentarlo.

A menudo los vampiros buscan pelea si las cosas van demasiado bien, simplemente para obtener un chute de energía. Da igual si la energía es buena o mala. Eso es el suministro narcisista: dirigir energía, atención y dinero hacia ellos mismos, algo que se les da de maravilla.

A veces la fuga de energía en dirección al vampiro es tan importante que, literalmente, te entra sueño cuando estás con él. Hace un par de años fui a casa de una mujer de mucho éxito. En apariencia, lo tenía todo. Una casa espléndida, un increíble negocio global, toda clase de ayuda externa. Me hacía mucha ilusión conocerla.

Mientras almorzaba, mirando por la ventana sus preciosos jardines, de repente me vencía el sueño, como en aquella escena de las amapolas de *El mago de Oz*. Tuve que esforzarme por mantenerme despierta. Una vez acabamos de comer y pasamos al salón, lo único que me apetecía era echarme en la alfombra y dormir. Hablo en serio. Así de malo fue. No paraba de morderme el labio y de clavarme las uñas en la palma de la mano para intentar mantenerme despierta. Hasta le calculé la carta astral y le eché las cartas del tarot. Lo que fuera para mantenerme despierta y mantener fluida la conversación. Por suerte, estaba con una amiga que estaba teniendo la misma reacción. Aunque habíamos previsto pasar allí el fin de semana, nos dimos cuenta de que teníamos que marcharnos. Así que ideamos un plan para excusarnos elegantemente.

Me ha pasado lo mismo otras veces con individuos que, en apariencia, eran encantadores y complacientes. Pero bajo la superficie, la cosa era totalmente distinta. Ello se debe a que los vampiros son camaleones en las relaciones, y a menudo saben darte «la suficiente» atención o mejora de su comportamiento para mantenerte enganchado. Te dirán exactamente lo que quieres oír para seguir succionándote y obtener así su suministro narcisista.

Cuando amenazas con terminar la relación, el vampiro se volverá a menudo sumamente complaciente y se comprometerá a cambiar. Puede que hasta esté dispuesto a ir a terapia. Y pensarás: *Oh, Dios mío, lo entiende. Las cosas mejorarán.* Pero no es verdad. Lo que pasa es que el vampiro puede hacer el esfuerzo suficiente para lograr que te quedes, normalmente, cautivándote con sus palabras y promesas de cambio. Pero jamás se produce ningún cambio sustancial de comportamiento. Y si te quedas, puede ser desastroso para tu salud y para tu vida. Una de mis pacientes lo expresó así tras divorciarse finalmente de un vampiro: «Si me hubiera dado algo de cariño o atención me habría quedado, te lo juro. Gracias a Dios que no lo hizo. Porque, si me hubiera quedado, sé que habría muerto de cáncer de mama. Estoy segura de que iba en esa dirección».

4

Los riesgos para la salud de las relaciones desequilibradas

¿Has visto alguna vez una pareja inverosímil? Un hombre increíblemente atractivo con una mujer hinchada con exceso de peso y aspecto cansado? ¿O al revés? Supongo que sí. Y te habrás preguntado: *¿Qué le ve a esa mujer?* Verás, se trata de relaciones con vampiros. La persona guapísima es un vampiro, y la persona que parece agotada y enferma es una persona altamente sensible, además de ser el suministro narcisista del vampiro. Es la fuente de su energía vital. Es, literalmente, como si se tratara de una transfusión en la que el vampiro succiona a la persona empática. Las personas que pueden ver y captar la energía llegan a observar incluso este hecho en forma de cordones de energía entre las dos personas.

Cuando empiezas a conocer las dinámicas de una relación con un vampiro, empiezas a observar cómo el vampiro, cuando carece de una fuente de suministro narcisista, se convierte de repente en una especie de agujero negro. No tiene nada que ofrecer. Aquella persona que era el «alma de la fiesta» y con quien siempre te gustaba estar queda reducida a un individuo aburrido y quejumbroso sin nada que ofrecer. Una de mis colegas me contó que siempre sabe cuándo su exmarido vampiro tiene una nueva pareja: de repente se acicala, hace ejercicio y parece estar sanísimo. Pero cuando carece de fuente a la que enchufarse, parece viejo y cansado. Y su compañía es de lo más aburrida. Es entonces cuando tiene tendencia a llamarla. Simplemente, para obtener un pequeño «chute» de su energía. Ella ya no contesta las llamadas.

Esta relación de un vampiro energético con su fuente de suministro es parecida a la que tiene lugar en la naturaleza cuando una planta parásita como el muérdago crece sobre un olmo. El muérdago se introduce en el sistema vascular de un árbol y extrae nutrientes y agua de ese árbol para sobrevivir. Evidentemente, no es algo bueno para la salud del árbol. Según la cantidad de muérdago que crezca, puede acabar matando al árbol. Es igual para quienes tienen una relación con un vampiro. Si una persona empática es de constitución fuerte, come bien y se cuida, puede resistir la succión de energía del vampiro. Durante un tiempo.

Pero a la larga eso pasa factura, y entonces los efectos de estar con un vampiro energético no son sólo emocionales o consisten en sentirse exhausto. La disparidad en los aspectos es el primer paso hacia toda una gama de dolencias físicas que a menudo son tan dolorosas y peligrosas como las psicológicas. Según mi experiencia, he observado que las personas sumamente sensibles que permanecen en relaciones con vampiros acaban con el tiempo teniendo problemas de salud como fatiga suprarrenal, enfermedad de Lyme crónica, problemas de tiroides, incapacidad para perder peso, síndrome de intestino irritable, diabetes, cáncer de mama y trastornos autoinmunes y enfermedades supuestamente misteriosas que no responden bien a los tratamientos médicos convencionales. De hecho, diría que, en mis décadas de experiencia en el tratamiento de la salud de las mujeres, la causa fundamental de los problemas de salud de una persona es *muy a menudo* que está relacionada con un vampiro, ya sea en casa o en el trabajo. Y hasta que esto no se aborda, ningún ejercicio, meditación, yoga o programa nutricional va a ayudarla permanentemente a recuperar y conservar su salud. Ello se debe a que cada vez que hace un ingreso en la cuenta bancaria de su salud, yendo a un retiro de yoga, purificando toxinas con zumos o haciéndose un masaje, el vampiro de su vida le sustrae la energía en cuanto regresa a casa.

Una de mis colegas, que posee un doctorado en nutrición, es también profesora de yoga y ha dado talleres sobre estilos de vida y dietas saludables a nivel internacional, estuvo casada veinte años con un vampiro. Y a pesar de todos sus conocimientos y de su conducta saludable, seguía sufriendo una debilitante fatiga suprarrenal y aumentando de peso, a pesar de una cantidad enorme de ejercicio regular. Viajaba mucho a lugares exóticos para hacer retiros de salud. Y yo siempre me preguntaba por qué viajaba tanto. Resulta que era la única forma de sobrevivir que conocía. Porque cada vez que volvía a casa, rebosante de salud, las viejas tácticas del vampiro la consumían en unas pocas semanas. Y volvía a estar en el punto de partida.

En una reciente conversación telefónica, la psicóloga Sandra L. Brown me comentó que por lo menos el 75 por ciento de las mujeres que van a sus retiros para recuperarse de abusos narcisistas sufren enfermedades autoinmunes y la clase de cosas que mencioné anteriormente.

LA CAUSA QUÍMICA DE LAS ENFERMEDADES

Vamos, pues, a ver cómo aparecen los problemas de salud física en una relación con un vampiro. Básicamente, el estrés de tener que enfrentarse constantemente con la decepción, la negatividad, el hecho de intentar «enderezar» a alguien, el engaño y todas las demás cosas que acompañan una relación con un vampiro pueden conllevar síntomas físicos debido a la liberación constante, crónica, de hormonas del estrés en el organismo. Está muy bien documentado que las personas que están expuestas a un conflicto social crónico experimentan una disfunción del sistema inmunitario, lo que aumenta su susceptibilidad a toda clase de enfermedades infecciosas, incluidos los llamados trastornos autoinmunes. Según WebMD (una app para informarse sobre los problemas de salud), entre el 75 y el 90 por ciento de todas las visitas a médicos de asistencia primaria son por dolencias relacionadas con el estrés. Puedo dar fe de la validez de esta afirmación gracias a mis años de consulta.

En su revolucionaria publicación *Stress in America: Our Health at Risk*, publicada en 2012, la American Psychological Association hizo un estudio de la población estadounidense en el este, el medio oeste, el sur y el oeste. Y aunque existían diferencias en los factores de estrés incluidos en cada región, los factores de estrés en la familia y las relaciones eran los segundos factores de estrés más habituales, después del dinero, en todo el país. Si analizáramos cuáles eran exactamente estos factores de estrés en las relaciones, no me cabe ninguna duda de que averiguaríamos que una cantidad desmesurada del estrés en las relaciones resulta de intentar que un vampiro se responsabilice de sus actos, o de limpiar lo que ellos ensucian.

¿Y qué ocurre cuando alguien está sometido a un estrés constante? Las glándulas suprarrenales producen una hormona del estrés llamada cortisol. En circunstancias normales, las pequeñas cantidades de cortisol eliminan la inflamación y te proporcionan la capacidad de librarte de un peligro. Ahora bien, cuando los niveles de cortisol se mantienen elevados, el organismo empieza a producir unas sustancias químicas inflamatorias llamadas citocinas. Y estas sustancias están relacionadas con un sinfín de síntomas como dolores de cabeza, aumento de peso, problemas digestivos, dolor e hinchazón articular, fibromialgia, artritis y, con el tiempo, diabetes y cardiopatía. Y es que la inflamación celular crónica es la causa primordial de casi todas las enfermedades degenerativas crónicas, incluido el cáncer y la diabetes.

Actualmente, a muchas personas con las llamadas enfermedades autoinmunes se les dice que su problema real es un virus, como el llamado Epstein-Barr. Y aunque hay una parte de verdad en ello, es una explicación incompleta. Hay millones de virus a nuestro alrededor y en nuestro interior todo el tiempo. De hecho, son una parte innata y a menudo útil de lo que se conoce como nuestro «microbioma», los billones de bacterias y virus que viven en y de nosotros todo el tiempo, y que son responsables de mantenernos equilibrados y bien. ¡La única vez que un virus como el virus Epstein-Barr (del que hay centenares de tipos, incluidos todos los herpesvirus) se convierte en un problema es cuando tu sistema inmunitario está desequilibrado debido al estrés crónico y a que los niveles de cortisol son demasiado altos! Entonces, tu organismo es incapaz de mantenerlos a raya de forma natural.

¿Cuántas veces has tomado antiinflamatorios no esteroideos regularmente para aliviar el dolor debido a una inflamación celular crónica? ¿Tienes dolor de cabeza? Te tomas un ibuprofeno. Ya te haces una idea. El problema de enmascarar el dolor de la inflamación celular con fármacos es que eso nunca aborda el problema real: el vampiro causante de que vivas en un estrés permanente que no sólo aumenta la inflamación celular en sí, sino que también favorece que adoptes comportamientos y opciones alimenticias que aumentan la inflamación celular por su cuenta.

Los niveles crónicamente altos de cortisol hacen también estragos en los niveles hormonales. La libido suele desaparecer cuando alguien está sometido a estrés. Y la libido, en la que solemos pensar como, simplemente, el impulso sexual, es en realidad una subcategoría de algo mucho más amplio, algo llamado «chi» en la medicina tradicional china. El chi es un buen indicativo de la fuerza vital de una persona. Cuando hay un exceso de cortisol, el estrógeno se metaboliza en hormonas del estrés adicionales, especialmente durante la perimenopausia. El exceso de cortisol provoca también niveles elevados de insulina y oscilaciones del azúcar en sangre. El resultado final de todo eso es un deseo insaciable de tomar dulces o alcohol, el aumento de peso y la imposibilidad de dormir bien por la noche. Todo esto suele presentarse en todo su apogeo en la madurez, momento en que nuestras almas piden a gritos ser escuchadas. Y en que somos mucho menos capaces de tolerar —por lo menos físicamente— la manipulación de un vampiro.

DISONANCIA COGNOSCITIVA Y ESTRÉS

En 1957, Leon Festinger publicó un libro titulado *Teoría de la disonancia cognoscitiva*, en el que lanzó la teoría de que los seres humanos buscamos la coherencia en nuestras creencias y actitudes en cualquier situación en la que dos cogniciones son incoherentes. La teoría afirma también que un poderoso motivo para mantener la coherencia cognoscitiva puede dar lugar a una conducta irracional y, en ocasiones, inadecuada. Todos tenemos muchas creencias sobre el mundo y sobre nosotros mismos. Cuando entran en conflicto, se genera una tensión conocida como disonancia cognoscitiva. Con el tiempo, la disonancia cognoscitiva provoca por sí misma niveles crónicamente altos de cortisol en el organismo y la subsiguiente inflamación crónica.

La teoría de la disonancia cognoscitiva de Festinger fue planteada a raíz del estudio de un culto cuyos miembros creían que una inundación iba a destruir la tierra. Festinger investigó lo ocurrido a los miembros de ese culto cuando no hubo la inundación, particularmente a aquellos que habían renunciado a sus hogares y sus empleos para trabajar para el culto. Averiguó que había muchas probabilidades de que los miembros menos comprometidos admitieran haber hecho el ridículo y consideraran que «les serviría de experiencia», mientras que los miembros más acérrimos del núcleo duro interpretaban que el hecho de que no hubiera habido ninguna inundación era la prueba de que la rectitud de los fieles había impedido el desastre.

La disonancia puede reducirse en tres formas. En la primera, los individuos cambian una o más de sus conductas para reducir la disonancia. Un ejemplo sería la disonancia cognoscitiva de un fumador que sigue fumando aun a sabiendas de que fumar puede provocar cáncer. En la primera forma de eliminar la disonancia, aceptas los hechos y cambias tu conducta en consecuencia. En este caso, tendrías que dejar de fumar. La segunda forma de reducir la disonancia consiste en obtener nueva información. Un fumador acérrimo podría señalar casos de personas que han fumado toda su vida y jamás tuvieron ningún problema. La disonancia se reduciría en este individuo gracias a la nueva creencia de que fumar no siempre provoca problemas.

Y la tercera forma de reducir la disonancia consiste en disminuir la importancia de las creencias de uno. Así, en el caso del tabaco, el fumador podría decir: «Bueno. Me gusta mucho fumar. Y voy a vivir el presente y disfrutar de mis cigarrillos».

En este ejemplo, cada vez que el fumador se encontrara con alguien con cáncer provocado por el tabaco (o pensara siquiera en eso), experimentaría el estrés de la disonancia cognoscitiva, y tendría que luchar por la justificación que haya elegido.

La misma situación es aplicable a una persona con superrasgos que tiene una relación con un vampiro. Estas personas creen absolutamente en lo más íntimo de su corazón que la gente puede cambiar, que el amor puede sanarlo todo y que pueden averiguar cómo ayudar a su pareja. Experimentan el estrés de la disonancia cognoscitiva cada vez que el vampiro hace algo dañino, especialmente tras pasar años «enderezándolo». Al enfrentarse con las mentiras, las manipulaciones y las agresiones, la persona con superrasgos experimenta estrés, y lucha por justificar por qué conserva la relación. Tal vez te reconozcas. Tu pareja te desprecia y tú te aferras al recuerdo de aquella vez que fue agradable contigo en Navidades. O aquella vez que te halagó y te dijo que estabas guapa. O al hecho de que es bueno en la cama.

Lo cierto es que Sandra Brown ha encontrado indicios de cambios cerebrales en quienes han vivido años con disonancia cognoscitiva. Las mujeres describen no sólo ansiedad y depresión, sino también confusión mental y la incapacidad de tomar decisiones o de confiar en sí mismas. Estas mujeres tan eficaces que destacan en cualquier otro ámbito de la vida desarrollan trastornos de la función ejecutiva y pierden la capacidad de pensar con claridad.

Y no sólo Sandra ha descubierto estos indicios. Según estudios recientes publicados en el campo de la neurociencia, la tecnología de escaneo cerebral ha mostrado que las personas que han vivido con disonancia cognoscitiva presentan cambios parecidos a las personas a las que se ha diagnosticado trastorno por estrés postraumático (TEPT).

Se trata de indicios muy convincentes que muestran lo mucho que esta clase de abuso emocional puede cambiar la vida. También permite explicar por qué tantas de las mujeres de los retiros de Sandra Brown sufren trastornos autoinmunes. En un artículo de 2017 publicado en *Arthritis & Rheumatology*, los investigadores descubrieron que el TEPT y los traumas más generales estaban relacionados con un mayor riesgo de desarrollar lupus, una enfermedad autoinmune. El riesgo era tres veces mayor para las mujeres con TEPT, y el doble de veces mayor para las mujeres que habían sufrido un trauma.

Éste es tan sólo uno de los numerosos estudios que han examinado el efecto del estrés psicológico en el desarrollo de una enfermedad autoinmune. En 2008, *Autoimmunity Reviews* publicó un artículo titulado «Stress as a Trigger of Autoimmune Disease» que apuntaba: «Investigaciones recientes comentan el posible papel del estrés psicológico, y de las principales hormonas relacionadas con el estrés, en la patogénesis de la enfermedad autoinmune. Se supone que las hormonas neuroendocrinas provocadas por el estrés conllevan la disfunción inmunológica, lo que finalmente provoca la enfermedad autoinmune, alterando o aumentando la producción de citocina». A partir de estas investigaciones concluyeron que el tratamiento de la enfermedad autoinmune tendría que incluir la gestión del estrés.

ATENCIÓN SANITARIA ACTUAL

Cuando empecé a ejercer la medicina en la década de 1980, el término «síndrome premenstrual», o SPM, era relativamente nuevo. Ninguno de mis colegas creía siquiera que existiera. Al observar que el SPM respondía bien a los cambios del estilo de vida, me hice bastante famosa por aquel entonces como una médica que podía ayudar a las mujeres que experimentaban cambios de humor mensuales. Cada una de esas mujeres respondía bien a un cambio alimenticio, vitaminas B, ejercicio y otras técnicas de reducción del estrés, durante cierto tiempo. Y entonces, inevitablemente, casi ninguna de ellas era capaz de mantener los cambios de su estilo de vida pasados tres meses. Yo me preguntaba por qué. Y con los años averigüé que, en casi todos los casos, esa mujer trabajaba o vivía con un vampiro. No era extraño que no pudiera conservar un estilo de vida saludable. La causa primordial de su problema jamás había sido diagnosticada. Lo mismo ocurría con el dolor pélvico crónico. Después de todo, hasta finales de la década de 1980 mi profesión ni siquiera admitía la relación entre los abusos sexuales y el dolor pélvico. Los médicos estamos formados para buscar la causa física. Por aquel entonces mis colegas me decían: «Nosotros sólo vemos mujeres normales», sugiriendo que los problemas que experimentaban mis pacientes «estaban en sus cabezas».

Esa misma disonancia cognoscitiva afecta al sistema de atención sanitaria. La creencia general que impera en el sistema es ésta: los gérmenes, la mala suerte o los malos genes son la causa de las enfermedades. No tiene nada que ver con tu dieta, tus relaciones o tu vida. Pero no te preocupes. Hay, o pronto habrá, un fármaco para tu afección. El hecho de que las reacciones adversas a medicamentos y los errores médicos sean la tercera causa principal de muertes evitables en Estados Unidos ni siquiera se aborda. Estamos formados para esperar el siguiente gran descubrimiento farmacéutico.

He sido médica el tiempo suficiente como para ver que enfermedades llamadas misteriosas, que la medicina convencional no se tomaba en serio hace dos décadas han pasado ahora a ser «reales» y a ser tomadas finalmente en serio sólo porque una compañía ha desarrollado un fármaco para tratar los síntomas. La fibromialgia es un ejemplo perfecto. Hace veinte años, la fibromialgia y la fatiga crónica eran descartadas de antemano cuando se presentaban mujeres aquejadas de esta dolencia. Ahora existe un fármaco que puede recetarse pero que no alcanza a tratar la causa primordial del problema.

La fibromialgia, como todas las enfermedades en cierta medida, es un buen ejemplo de cómo la enfermedad es en realidad una respuesta fisiológica adquirida a unos factores de estrés concretos. Como señala el doctor Mario Martinez, la mayoría de enfermedades implican un patrón adquirido que, al principio, tiene una función positiva. Tomemos, por ejemplo, la incapacidad de dormir profundamente, lo que es muy habitual en quienes sufren fatiga crónica y fibromialgia. La falta de sueño profundo de ondas delta provoca una inflamación celular generalizada, en parte porque el sueño profundo es absolutamente esencial para metabolizar las hormonas del estrés. Martinez sugiere que estar hiperalerta y aprender a tener el sueño ligero puede ser una estrategia extremadamente adaptativa si estás viviendo con algún tipo de amenaza, como abusos sexuales o maltratos físicos. Después, en la edad adulta, cuando esa amenaza de la infancia ya no es relevante, la respuesta de estrés del organismo y el impacto sobre el sistema psiconeuroinmunológico siguen estando ahí. Y con los años, eso crea el marco idóneo para la fibromialgia y la fatiga crónica.

Pero en lugar de buscar la causa primordial de un sistema inmunitario y nervioso disfuncional, la medicina moderna siempre logra encontrar otro fármaco más, y lo receta entonces «para usos no autorizados», lo que significa que puede administrarse con finalidades distintas a las previstas inicialmente, por lo menos hasta que la compañía farmacéutica financie un estudio que sugiera que el fármaco sirve para «llenar el vacío». Así es como el Prozac y otros ISRS (inhibidores selectivos de la recaptación de la serotonina) se han convertido en un «tratamiento» generalizado para el SPM y los síntomas de la menopausia. Todo ello a pesar de su carácter adictivo y de que, en realidad, no resuelven la causa primordial del problema, que consiste en los efectos hormonales del estrés en los sistemas inmunitario, nervioso y endocrino.

Mucha gente sabe, intuitivamente, que la mayoría de problemas de salud crónicos son el resultado final del estrés emocional y psicológico de sus vidas. Es muy fácil, y se favorece culturalmente, ignorar esta información dado que el sistema de atención sanitaria descarta mayoritariamente la unidad del cuerpo y la mente.

Determinismo genético

Una de las mayores informaciones erróneas de la atención sanitaria actual es la idea de que la salud de una persona está determinada por sus genes. Y que, hagamos lo que hagamos, somos víctimas de nuestros genes. Las enfermedades «son hereditarias». No puedes hacer nada al respecto. Son las cartas que te han tocado. Pero eso no es necesariamente cierto.

El doctor Bruce Lipton, biólogo del desarrollo y autor de *La biología de la creencia*, señala que sólo alrededor del 10 por ciento de lo que pasa en tu organismo y tu salud está relacionado de algún modo con tus genes y tus antecedentes familiares. Eso significa que el 90 por ciento de lo que te sucede, incluido el modo en que se expresan tus genes, está determinado por tu entorno. En esto consiste la ciencia de la epigenética. Y la parte más importante de ese entorno está formado por tus creencias, de cuya mayoría no eres consciente.

El doctor Mario Martínez, fundador del Biocognitive Science Institute y autor de *The MindBody Code*, señala que muchos monjes tibetanos tienen diabetes que no puede explicarse por su dieta o su estilo de vida. En general, estos monjes comen saludablemente. Sí, algunos están obesos. Y sí, muchos ingieren hidratos de carbono.

Pero no comen en exceso ni se pasan con el azúcar, y aun así siguen presentando un índice excepcionalmente alto de diabetes.

El trabajo del doctor Martinez y otros sugiere que el desarrollo de diabetes está estrechamente relacionado con sus sistemas de creencia en el perdón y la bondad afectuosa. Hablaré más de ello más adelante. Según la teoría biocognoscitiva, lo que creemos y lo que nuestra cultura nos enseña tiene más impacto sobre nuestra salud que los factores de nuestra dieta y nuestro estilo de vida. Un ejemplo excelente de ello es el estudio de la doctora Becca Levy, de la Escuela de Salud Pública de la Universidad de Yale, que estudió a 660 personas de más de 50 años en una comunidad de Ohio y averiguó que quienes tenían percepciones positivas sobre el envejecimiento (que ya poseían en la adolescencia) añadían siete años más a sus vidas. Exacto, el mero hecho de creer que envejecer tenía aspectos positivos alargaba la vida. Y eso era cierto incluso para aquellos que fumaban, se sentían solos, estaban obesos, presentaban hipertensión arterial y jamás hacían ejercicio. Dicho de otro modo, las creencias vencían a todas las demás medidas que asociamos con la longevidad.

El doctor George Solomon, investigador pionero en el ámbito de la psiconeuroinmunología, demostró que el sistema inmunitario tiene moralidad. Responde de forma positiva a la rabia justificada, la clase de rabia que es natural sentir cuando tu inocencia o la de otra persona se ve amenazada. Nuestros sistemas inmunitarios no nos permiten evitar emociones «difíciles» si queremos conservarnos sanos. La rabia es, después de todo, la respuesta adecuada cuando sufres abusos. Suprimirla es un riesgo para la salud.

Regresemos a los monjes tibetanos (quienes, podría decirse, son un modelo de lo que las personas empáticas creemos que tendríamos que ser). China ha causado un daño enorme a la cultura tibetana y a su pueblo. Los chinos han violado, saqueado y destruido templos. La respuesta natural a esto es la rabia y la ira. Pero se ha enseñado a los monjes a no sentir esa rabia y, en su lugar, enviar amor a sus enemigos. Esto envía una señal al cuerpo: «No quiero sentir rabia. He dejado atrás mi rabia». El otro factor presente en los monjes tibetanos procede de su cultura. El trabajo pionero del doctor Daniel Goleman, autor de *Emociones destructivas: cómo entenderlas y superarlas*, señala que los tibetanos no poseen una palabra para decir «emoción». En su mundo, los pensamientos y las emociones son lo mismo. De modo que podría decirse que culturalmente no están versados en el lenguaje de las emociones y en cómo éstas se sienten en el cuerpo. Los monjes aprenden a enviar alegría empática a aquellos con quienes tendrían que estar enojados si quieren seguir estando sanos. Literalmente, «endulzan» su rabia. Y la diabetes es la consecuencia. El doctor Martinez, que ha trabajado con muchos monjes tibetanos, afirma que tampoco están educados para no preocuparse por su cuerpo físico y se concentran solamente en asuntos espirituales, como regresar a la «budidad», donde no es necesario un cuerpo.

¿Cómo entonces enviar bondad afectuosa a quienes te han lastimado —sin sentir antes rabia— provoca un estrés que puede originar enfermedades? Pues porque, al hacerlo, experimentas el siguiente torrente bioquímico. El cuerpo físico confirma el deseo de enviar sólo pensamientos afectuosos mediante la producción de grandes cantidades de una sustancia química llamada endorfina (parecida a la morfina). Adormece el dolor, y te impide sentir cosas que no quieres sentir. El problema es que unas cantidades crónicamente elevadas de endorfina afectan negativamente al metabolismo de la glucosa con el tiempo. Y la consecuencia es la diabetes tipo 2.

He conocido a varias personas sumamente sensibles —que atraen a los vampiros como un imán—, que presentan un elevado nivel de azúcar en sangre a pesar de seguir una dieta casi perfecta. Y en todos los casos, estas personas endulzan todo lo que dicen y hacen; parecen ser literalmente incapaces de sentir rabia. Pasan directamente al perdón y la compasión.

Tendencia a ganar peso

Una de las cosas más asombrosas que he observado en las relaciones entre vampiros y almas sensibles es la disparidad en su tendencia a ganar peso. A menudo (no siempre) los vampiros pueden conservar un peso saludable y atractivo. Y no suele parecer costarles ningún esfuerzo. Un vampiro, cuando yo me lamentaba de mi incapacidad de perder peso, me dijo una vez: «Yo dejé de comer postre un par de semanas y perdí cuatro kilos y medio». Sé lo que estaba pensando: *Sé cuál es el problema. Te falta disciplina.* Pero nada más lejos de la realidad, especialmente en el caso de las almas viejas empáticas. Solemos tener disciplina a raudales. Y aun así, hasta que no aprendemos a dejar de absorber la energía de los demás y a ceder la nuestra, tenemos tendencia a hacer dos cosas: (1) sentirnos atraídos por el azúcar, los hidratos de carbono y/o el alcohol; y (2) aumentar de peso hagamos lo que hagamos, incluso aunque dejemos de ingerir hidratos de carbono.

Las personas empáticas tienen tendencia a aumentar de peso con facilidad, en parte porque el peso sirve de «protección». De ahí que la distribución del peso en las personas empáticas se concentre casi siempre en la parte central del cuerpo; esa temida «forma de manzana» con exceso de grasa en la tripa, lo que es un factor de riesgo de enfermedades cardiovasculares y diabetes. Esta distribución del peso sirve para proteger el plexo solar, el área del cuerpo asociada con la autoestima y el poder personal. Hasta que no aprendas a establecer límites saludables y a reforzar tu autoestima, no es probable que logres tener un peso saludable.

EL PODER DE NUESTROS PENSAMIENTOS Y NUESTRAS CREENCIAS

De modo que, cuando examinamos la salud de una persona que sirve de fuente a un vampiro, tenemos que examinar las creencias que tiene sobre sí misma y sus relaciones. Como comenté antes, estas creencias, que en una relación con un vampiro se ven reforzadas, empiezan a formarse en la infancia, cuando nos avergüenzan y traicionan, y nos vemos obligados a ocultar quiénes somos en realidad. Y recuerda, la vergüenza tóxica produce una sustancia química inflamatoria conocida como IL-6, una citocina.

El vínculo entre experiencias adversas en la niñez y las enfermedades es un campo creciente, en el que cada año se realizan más estudios. En uno de los más importantes, el famoso «Estudio de experiencias adversas en la Infancia» (acestudy.org), que se inició en la clínica de adelgazamiento de la aseguradora sanitaria estadounidense Kaiser Permanente, se descubrió que existe una relación directa entre la cantidad de experiencias adversas en la niñez (por ejemplo, el divorcio de los padres, un progenitor con una enfermedad mental, un progenitor con una enfermedad crónica o un progenitor o familiar maltratador) y la cantidad de veces en que la persona iba a urgencias, necesitaba recetas médicas o hasta moría prematuramente.

Entre las personas que han estado expuestas a importantes factores de estrés psicológico a una edad temprana existe una mayor vulnerabilidad a las enfermedades vasculares, las enfermedades autoinmunes y la muerte prematura. Y estas tendencias aparecen cuando la persona se hace mayor. Recuerda que las personas empáticas son muy sensibles por naturaleza, por lo que puede que no sea necesario un estrés psicológico realmente importante para crear una vulnerabilidad futura.

Los investigadores sugieren que el estrés infantil «se programa» de algún modo en unas células del sistema inmunitario llamadas macrófagos a través de señales epigenéticas (la epigenética es la forma como el entorno afecta al modo en que un gen se expresa).

Las células pasan entonces a estar dotadas de tendencias proinflamatorias, que se manifiestan como respuestas exageradas de la citocina a los desafíos y una menor sensibilidad a las señales inhibidoras hormonales. El resumen del estudio, que fue publicado en

Psychological Bulletin en 2011, afirma: «El modelo propone que a
lo largo de la vida esas tendencias proinflamatorias se ven exacerba-
das por tendencias conductuales y disfunción hormonal, provocadas
a su vez por la exposición a la adversidad en la niñez».

En la vida real, eso significa que el estrés en la infancia, en personas susceptibles, puede dar lugar a una vigilancia excesiva frente
a las amenazas (teniendo siempre la sensación de que va a ocurrir
lo peor o de que no vales nada, de modo que lo atraes vibracional-
mente), a la desconfianza hacia los demás, a escasas relaciones sociales, a problemas de autorregulación y a opciones poco saludables
de estilo de vida. Hormonalmente, el estrés durante los primeros
años de vida también puede dar lugar a patrones alterados de la
regulación de los sistemas hormonal y nervioso. Así que, básicamente, ¡los hechos adversos ocurridos en la niñez favorecen un entorno
proinflamatorio en el interior y en el exterior del organismo! Y eso
produce manifestaciones patológicas en el organismo a no ser que
se cambie el patrón.

Es fascinante que, en la experiencia de Sandra L. Brown al trabajar con supervivientes de relaciones con vampiros, por lo menos
el 75 por ciento de las mujeres procedan de hogares normales sin
ningún indicio de desatención o maltrato. Pero me apostaría algo a
que, si profundizáramos un poquito, veríamos que la autoestima de
estas mujeres con superrasgos tiene algunas abolladuras como consecuencia de una vida pasada o de su infancia.

Existen indicios que sugieren que uno de los verdaderos factores
de riesgo de los trastornos autoinmunes; por ejemplo, lo que se denomina autoinmunidad, es la experiencia infantil de que nuestra
supervivencia está relacionada con amoldarnos a unas expectativas
que, en realidad, violan quiénes somos realmente. El doctor Gabor
Maté, médico y experto en estrés y desarrollo infantil, afirma que
todos sus pacientes han batallado con la represión emocional como
estilo de afrontamiento. Además, ninguno ha sido nunca capaz de
responder afirmativamente la siguiente pregunta: «En la niñez, cuan-

do estabas triste, disgustado o enfadado, ¿había alguien con quien pudieras hablar, aunque hubiera sido esa persona quien había provocado tus emociones negativas?»

En su obra maestra *El precio del estrés*, Maté cita un sinfín de estudios que demuestran el efecto de factores de estrés concretos sobre el cuerpo físico que expresan directa y convincentemente cómo funciona la inmunidad. Por ejemplo, un estudio de hombres afroamericanos *versus* hombres nigerianos mostró que, aunque ambos grupos poseen la misma cantidad de células potencialmente malignas en su glándula próstata, por lo menos seis veces más de hombres afroamericanos desarrollan cáncer de próstata. Los mismos genes; un entorno completamente distinto.

Los investigadores, incluido Maté y el doctor Lawrence LeShan, alegan que quienes hacemos todo lo posible para complacer a los demás o que suprimimos de otro modo nuestras propias necesidades emocionales por servir a los demás presentamos un riesgo espacialmente alto de desarrollar problemas del sistema inmunitario como tiroiditis de Hashimoto, fibromialgia, fatiga crónica, etc.

La razón es que el sistema inmunitario confirma lo que ya creemos, como ya sugerí anteriormente. Si crees que mereces la pena y eres adorable, tu sistema inmunitario lo confirmará. Si, por el contrario, estás deprimido y crees que no vales nada, serás mucho más propenso a todo, incluido el resfriado común. Un estudio fascinante de la Universidad de Pittsburgh con voluntarios a los que se pulverizó virus del resfriado en la garganta reveló que los que tenían más probabilidades de ponerse enfermos eran aquéllos con las redes sociales y los sistemas de apoyo más endebles. Por otra parte, era mucho menos probable que los que tenían como mínimo cuatro grupos sociales distintos con los que interactuaban regularmente cayeran enfermos, a pesar de que todos estaban igualmente expuestos. El trabajo del doctor Bruce Lipton, autor de *La biología de la creencia*, señala que la membrana de la célula es, de hecho, el cerebro de la célula. Y las membranas celulares están conectadas entre sí de un modo tan estrecho que un solo pensamiento recorre el organismo como un rayo, generando en nuestras células cambios bioquímicos que son fruto de la calidad de nuestros pensamientos.

Cuando creemos que no somos dignos o valiosos, nuestras vidas están colmadas de un tipo determinado de abnegación crónica. Demasiado a menudo acabamos controlados por vampiros energéticos que nos relegan a una posición subordinada. Esto puede hacer que nos sintamos despojados de poder e indefensos. Y, tarde o temprano, enfermamos.

Innumerables estudios han confirmado la unidad del cuerpo y la mente, a pesar de que la medicina convencional se sigue basando en una división artificial entre la mente y el cuerpo. El enfoque médico convencional de «fármacos y cirugías» (aunque increíblemente maravilloso al tratar traumas) lleva a la gente a creer que su estado de salud depende de la mala suerte, los malos genes o un déficit de algún fármaco.

Pero, en realidad, tu estado de salud está relacionado muy estrechamente con tus creencias íntimas. Y la calidad de tus emociones diarias se deriva directamente de esos pensamientos. Como ya he afirmado, alrededor de un 90 por ciento de nuestras creencias no son siquiera conscientes. Y en su inmensa mayoría son negativas. Pero nuestra mente consciente es el lugar donde residen nuestros sueños y nuestras esperanzas. Así que nuestro deber, como personas empáticas que queremos tener el mayor impacto sanador posible y vivir nuestra vida lo mejor posible, es estar dispuestas a hacer el trabajo necesario para mejorar nuestras creencias y nuestros pensamientos, y sentir y liberar cualquier emoción que no haya sido totalmente sentida e identificada.

SEGUNDA PARTE

SANAR DE LA OSCURIDAD

5

Reconoce a tu vampiro

Ahora que ya conoces la relación de los vampiros con las personas empáticas, y las terribles consecuencias que puedes experimentar como efecto secundario, veamos la parte buena: cómo ponerle remedio. El primer paso para ello es aprender a reconocer a un vampiro. Esto te permitirá ver a las personas que hay en tu vida tal como son, y también te ayudará a detectar a un vampiro antes de establecer una relación con él la próxima vez. Así que vamos a profundizar un poco más en sus características personales; qué convierte a alguien en un vampiro y cómo ver sus tácticas de manipulación antes de acabar enredados.

IDENTIFICA A TU VAMPIRO

Hace sólo unos veinticinco años que los profesionales de la salud mental han identificado claramente a los vampiros energéticos. Ésa es la razón de que tantos de ellos hayan podido seguir manipulando a sus familias y a la sociedad en general. No te equivoques, los vampiros energéticos suelen ser encantadores y carismáticos. A menudo no podemos apartar los ojos de ellos (hasta que nos damos cuenta de quiénes son en realidad). Saben exactamente qué decir a quién.

Y cuándo decirlo. Y son expertos en lograr que los demás hagan lo que quieren. Mi amigo Bob Palumbo, doctor en psicología con 35 años de experiencia, asegura que algunos son tan encantadores que pueden engañarlo hasta a él, a pesar de toda su experiencia y todos sus conocimientos. Es importante que lo sepamos.

Entre los patrones de conducta de los vampiros se incluyen sociópatas, psicópatas, narcisistas, personalidades *borderline* (trastorno límite de la personalidad) o personas que son propensas a la conducta antisocial, pero todos estos tipos de personalidad pueden agruparse en el llamado Grupo B. El *Manual diagnóstico y estadístico de los trastornos mentales (DSM-5)*, una publicación de la American Psychiatric Association, señala que los individuos del Grupo B se caracterizan por un pensamiento o conducta teatral, demasiado emocional o imprevisible. Esta designación incluye la conducta antisocial (sociopatía), el trastorno límite de la personalidad, el trastorno histriónico de la personalidad y el TNP (trastorno narcisista de la personalidad).

Los antisociales son mentirosos y tramposos, y tienen problemas recurrentes con la ley. Ignoran su propia seguridad o la seguridad de los demás. Suelen violar repetidamente los derechos de los demás. No asumen la responsabilidad de sus actos y suelen ser agresivos, impulsivos e incluso violentos.

Los que presentan un trastorno límite de la personalidad adoptan conductas impulsivas y arriesgadas como el sexo inseguro, el juego, los atracones alimenticios o los excesos con el alcohol, pero también pueden ser increíblemente cautivadores y encantadores. A menudo amenazan con autolesionarse o dicen que se suicidarán, especialmente si no les das lo que quieren. Hay muchísimas más mujeres que hombres que sufren el trastorno límite de la personalidad. Actúan con lo que se denomina refuerzo intermitente; el más difícil con el que lidiar. Unas veces puedes contar con ellos. Otras, no. Esta incoherencia es exasperante y te lleva a creer que estás loco. Los hombres buenos que han tenido una relación con mujeres *borderline* suelen acabar como un guiñapo tirado en la cuneta una vez que la *borderline* les ha succionado toda la sangre vital.

Una de mis colegas me contó hace poco que, cuando era pequeña, su madre solía amenazar con suicidarse si su hija no hacía lo que ella quería o la decepcionaba de algún modo. Imagina el impacto de eso en una niña. Que te hagan creer que tu comportamiento tiene el poder de mantener viva a tu madre o de matarla. ¿Cuántas veces has oído la frase «No hagas eso, por favor, ¿quieres matar a mamá de un disgusto?» Eso pertenece al ámbito de la personalidad *borderline*.

En nuestro hospital, el departamento de Psiquiatría denomina «usuarios frecuentes» a los casos de personalidad límite más avanzados; algunos de ellos van a urgencias más de 200 veces al año afirmando tener ganas de suicidarse. Y una vez han sido ingresados, empiezan a exigir cuidados especiales y comidas especiales.

Los *borderlines* son expertos en adoptar una «conducta cizañera», enfrentando a una persona con otra. Suelen tener una sensación permanente de vacío. (He tratado con pacientes con trastorno límite de la personalidad que se quedan embarazadas año tras año porque, después de haber nacido el bebé, se sienten «vacías».) En el budismo, esta clase de personas ha recibido el nombre de «espíritu hambriento», puesto que carecen de la sensación de su yo interior. Poseen un abismo interior imposible de llenar por más que las quieras y las cuides. Tienen frecuentes ataques de ira. Y son muy manipuladoras.

Los individuos con personalidad histriónica también buscan constantemente llamar la atención. Suelen ser excesivamente emotivos, teatrales o sexualmente provocadores. Suelen hablar histriónicamente, con opiniones firmes pero sin hechos que las respalden. Se dejan influir fácilmente por los demás y sus emociones cambian con rapidez. Se preocupan en exceso por su aspecto físico y a menudo creen que sus relaciones son más íntimas de lo que son.

Los vampiros con un trastorno narcisista de la personalidad fantasean con el poder, el éxito y el atractivo. Ansían fama y reconocimiento. No admiten las necesidades y los sentimientos de otras personas. Se creen superiores a los demás y con más derechos.

A menudo exageran sus logros y talentos. Tenía una conocida cuyo currículum afirmaba que había obtenido un máster en arte de una facultad de bellas artes. Yo sabía que había abandonado esos estudios en su segundo año. Cuando se lo hice notar, dijo: «Bueno, me sentí como si ya tuviera el título». ¿Qué? Eso sería como si yo dijera: «Bueno, me sentí como si hubiera ido a la facultad de Medicina y hubiera recibido el título de médico.»

Los narcisistas necesitan elogios y admiración constantes. Suelen ser arrogantes, y se creen especiales. Y pueden ser increíblemente atractivos físicamente y, por ello, tienden a recibir el equivalente de un servicio completo a precios de ganga dondequiera que van, especialmente en su juventud. (Existe un viejo adagio que afirma que los narcisistas no envejecen bien.) Tienen unas expectativas nada razonables sobre los favores y las ventajas, y a menudo se aprovechan de otras personas que, dependiendo de su autoestima, suelen sentirse dichosas simplemente por estar con el narcisista, por lo menos al principio. También envidian a los demás o creen que los demás los envidian a ellos.

Los hay también que son tacaños, y controlan mucho su presupuesto. Pueden ser incapaces de deshacerse de objetos viejos o gastados. Y pueden ser moralmente inflexibles.

Es interesante señalar que el porcentaje de vampiros por sexo es de 4 hombres por cada mujer, pero por lo menos el 20 por ciento de todas las personas (hombres y mujeres) poseen características de vampiro o se incluyen plenamente en el Grupo B. Eso equivale a una de cada cinco personas, y cada una de ellas afecta directa y negativamente a cinco personas. Eso equivale a 60 millones de personas en Estados Unidos solamente. En su libro *The Sociopath Next Door*, la psicóloga Martha Stout escribe: «Uno de cada 25 estadounidenses corrientes carece en secreto de conciencia y puede hacer cualquier cosa sin sentirse culpable». Hablamos de 100.000 psicópatas en la ciudad de Nueva York solamente.

El doctor Robert D. Hare, autor de *Sin conciencia: el inquietante mundo de los psicópatas que nos rodean*, ha trabajado décadas en el ámbito de la psicopatía y la justicia penal, y ha publicado cantidad de artículos académicos sobre este tema. Él y sus colegas pasaron muchos años desarrollando una herramienta de diagnóstico muy fiable, la Escala de Calificación de la Psicopatía para médicos e investigadores, que se usa hoy en día en todo el mundo para distinguir con una razonable certeza a los verdaderos psicópatas de quienes, simplemente, infringen las normas.

Él nos recuerda que la mayoría de criminales no son psicópatas, pero que muchas de las personas que operan en el lado oscuro de la ley pero permanecen fuera de la cárcel sí son psicópatas. Una gran parte del trabajo de décadas de Hare ha consistido en intentar identificarlas. Como indica en *Sin conciencia*: «Si no podemos detectarlos estamos condenados a ser sus víctimas, como personas y como sociedad». Y proporciona el ejemplo muy habitual del asesino convicto que es dejado en libertad condicional y vuelve a matar inmediatamente. La sociedad pregunta: «¿Por qué dejaron en libertad a semejante persona?» Hare responde: «Su desconcierto se convertiría sin duda en indignación si supiera que en muchos casos el delincuente era un psicópata cuya reincidencia violenta podría haber sido prevista si las autoridades, incluida la junta de libertad condicional, se hubieran documentado».

Muchos psicópatas son delincuentes de guante blanco que estafan millones a los ciudadanos, pero que, incluso una vez condenados, pasan muy poco tiempo en la cárcel o cambiando su forma de actuar. Lo expresan estupendamente los doctores Paul Babiak y Robert Hare en su libro *Snakes in Suits: When Psychopaths Go to Work*. Los psicópatas de guante blanco son la clase de cerebros brillantes que roban los ahorros de toda una vida y los planes de pensiones a miles de personas, como los directivos de Enron, una empresa que pasó de valer miles de millones a declararse en bancarrota de la noche a la mañana. Una empresa que animó a todos sus empleados a invertir

sus planes de pensiones en sus acciones mientras los principales cerebros se vendían las suyas y se largaban con millones en los bolsillos
antes de que todo se viniera inevitablemente abajo. ¿Quieres verlo
como si fuera la vida misma? Mira el documental de Alex Gibney de
2005 *Enron, los tipos que estafaron a América*. Totalmente fascinante. Psicopatía en acción.

No importa si alguien es un vampiro del Grupo B o un psicópata en toda regla; sea como sea, son un enorme problema para la
salud pública que ha permanecido mayoritariamente sin diagnosticar y sin reconocer tanto por las personas como por la sociedad en
general, incluidos los profesionales de la salud mental y el sistema
judicial.

Ten presente que existe un continuo de personas del Grupo B,
igual que ocurre con las personas con autismo. Algunas personas de
la escala del autismo tienen un ligero síndrome de Asperger y son
totalmente capaces de llevar vidas satisfactorias e independientes. En
el otro lado del espectro están personas tan discapacitadas que no
pueden vivir sin atención a tiempo completo. Del mismo modo, algunas personas poseen rasgos narcisistas con los que puedes aprender a vivir una vez reconoces la conducta. Es ahí donde se incluyen
esos succionadores involuntarios de energía. Se sitúan en la parte
inferior del espectro. Pero a medida que asciendes por la escala llegas
a los auténticos vampiros: los psicópatas en toda regla. La designación Grupo B resulta útil porque existen grandes coincidencias entre
todos estos caracteres.

No hace falta que des vueltas a estos diagnósticos. Eso no te
ayudará. Si actualmente tienes una relación con un vampiro energético, casi puedo oírte decir: «Pero tiene buenas intenciones. Es sólo
que tuvo una infancia difícil». En primer lugar, eso no es siempre
cierto. Y aunque lo fuera, la mayoría de gente que crece en situaciones difíciles no se convierte en vampiro energético. El vampiro sabe
exactamente cómo jugar la carta de la empatía para conservar en-
ganchada a una persona empática. Como señalé anteriormente, una

persona empática tiene tendencia a buscar excusas para la conducta de un vampiro. Pero lo que tienes que comprender es esto: lo que todos los vampiros tienen en común es la agresión y la manipulación encubiertas en beneficio propio. Luchan por tener el control. Y punto. Fin de la historia.

NACIERON ASÍ

Sigmund Freud, el padre de la psicoterapia moderna, sugirió que los tipos de problemas que vemos en las personas del Grupo B se debían a un trauma infantil y a la negación del mismo. Pero eso no es cierto. Las técnicas modernas de escaneo cerebral sugieren que muchos de ellos, simplemente, nacieron así.

En un estudio publicado en un número de 2013 del *Journal of Psychiatric Research*, un equipo de investigadores alemanes, utilizando tecnología de escaneo cerebral moderna, estudió el cerebro de 34 voluntarios, a la mitad de los cuales le había sido diagnosticado un trastorno narcisista de la personalidad (TNP). La parte del cerebro que se examinó fue la corteza cerebral, la capa más externa del cerebro que asociamos con los centros sociales «superiores» de los seres humanos. Se trata de la parte del cerebro que regula la conciencia de uno mismo, la autodeterminación y el autocontrol. Una parte concreta de la corteza cerebral está asociada con la empatía, la parte de los seres humanos que nos permite sentir emocional y lógicamente lo que están sintiendo los demás. En las personas con TNP, esta parte de la corteza difería de aquéllas con empatía normal.

En comparación con las personas no afectadas por TNP, las personas con TNP poseen una corteza cerebral excepcionalmente delgada en la región responsable de la empatía. Y curiosamente, los autores también descubrieron que el grado de «falta» de empatía correspondía al grado de delgadez presente en esa región de la corteza.

Estudios con imagen por resonancia magnética funcional (IRMf) que fueron publicados en 2013 en *Frontiers in Neuroscience* han mostrado también anormalidades marcadas en los psicópatas en una cantidad de áreas del cerebro asociadas con la empatía y la capacidad de preocuparse por el bienestar de los demás. Un estudio con IRMf de la percepción afectiva en individuos con psicopatía (imaginar a otra persona con dolor) no sugiere empatía.

En un estudio de 2010 publicado en la revista *PLOS ONE*, un equipo de investigadores de la Universidad del Sur de California utilizó tecnología de escaneo cerebral moderna para examinar las actividades cerebrales de un grupo de voluntarios durante pruebas específicas. Y también durante un período de descanso. Aunque todos los voluntarios eran normales y no presentaban síntomas de TNP ni otras afecciones mentales, mostraron diversos grados de rasgos del TNP en los test estándares de personalidad. Tras revisar los resultados de la actividad en el escaneo cerebral, los autores descubrieron que los rasgos narcisistas estaban vinculados a niveles excepcionales de actividad en una parte del cerebro asociada con el pensamiento egocéntrico. También descubrieron una actividad reducida en la parte de la corteza cerebral asociada con el control de los impulsos, lo que podría aumentar la probabilidad de una mala toma de decisiones en aquéllos con tendencias narcisistas más altas.

Aunque un vampiro podría haber experimentado un trauma en la infancia, ese trauma no explica su falta de compasión y falta de conciencia. La mayoría de personas con orígenes traumáticos tienen conciencia y se comportan de una forma que muestra buen carácter, distinguiendo el bien y el mal. Y, naturalmente, hay vampiros que han crecido en hogares llenos de amor y que manipulan igualmente para conseguir lo que quieren. *The Atlantic* publicó recientemente un artículo titulado «When Your Child Is a Psychopath» sobre una niña de 11 años (y muchos otros ejemplos) que se educó en una familia afectuosa junto con seis hermanos más. A partir de los seis años, empezó a fantasear sobre matar a personas, a dibujar armas homicidas y a practicar con sus peluches. Poco después, intentó estrangular a su hermanito. Es alguien que crecerá careciendo de compasión y conciencia.

En casos como éstos, la conciencia que tendría que desarrollarse hacia los 3 años, simplemente, no se desarrolla. Por ejemplo, una de mis amigas tuvo una experiencia terrible a los siete años. Su hermano, que por aquel entonces tenía nueve, la encerró en un cobertizo de su casa y contempló cómo sus amigos, a quienes había reunido para la ocasión, la violaban. Su madre, a quien preocupaba lo que pensarían los vecinos, jamás dio validez a nada de esto y se negó a castigar al hermano, con lo que creó una herida profunda y duradera que mi amiga ha luchado por sanar a lo largo de toda su vida.

Por desgracia, en la psicoterapia tradicional solemos usar los traumas de la infancia como excusa para la conducta actual de los vampiros. Por ejemplo, podrías oír: «Es así porque su madre era alcohólica y él está negando su dolor». Las obras del doctor George Simon Jr, autor de *In Sheep's Clothing*, y de Sandra L. Brown, autora de *Women Who Love Psychopaths*, sostienen de forma convincente que éste no es definitivamente el caso. El doctor Simon ilustra que la verdadera negación es bastante inusual. Y se produce como defensa contra un dolor emocional extremo. He aquí un ejemplo basado en el trabajo del doctor Simon. Imagina que tú y tu querido marido, con quien llevas casada 40 años, estáis paseando por el barrio y disfrutando un día maravilloso. Los dos tenéis una salud excelente. Entonces, de repente, tu marido sufre un ictus, se desploma y lo llevan al hospital, donde lo conectan a un sistema de soporte vital. En un par de horas pasas de disfrutar de un paseo con el amor de tu vida a verlo conectado a un sistema de soporte vital. Imagina que los médicos vienen y te dicen que los daños cerebrales del ictus son tan graves que está básicamente en muerte cerebral y que jamás se despertará y estará consciente o será capaz de volver a respirar. La enormidad y la brusquedad de esta pérdida son tan grandes que optas por la negación para protegerte. Te sientas con tu marido. Le tomas la mano. Y le hablas. Aunque el personal médico trata de convencerte de que él no puede oírte. Eso es la negación. Y es una defensa psicológica perfectamente razonable en esa situación.

Veamos ahora el caso de un matón de la clase que recorre los pasillos del colegio y empuja de forma rutinaria a los alumnos por la espalda para que se les caigan los libros. El vigilante del pasillo le reprende. Y él mira a su alrededor y dice: «¿Qué?», como si pensara «¿Qué dices? Yo no he hecho nada». ¿Ha optado ese matón por la negación? En absoluto. Sabe perfectamente lo que estaba haciendo. Simplemente sigue haciéndolo porque es una persona que busca emociones fuertes y cuyos circuitos cerebrales de la empatía no están demasiado bien formados. En cuanto sepa que su conducta no quedará impune, esa conducta cesará. Pero mientras sepa que alguien pensará que está profundamente herido y sumido en la negación, ¿por qué va a parar? Puede seguir así toda la vida. Sin consecuencias. Porque muchas personas empáticas bienintencionadas creerán que, simplemente, necesita más amor y comprensión.

O ¿qué hay del marido maltratador que empuja a su mujer contra una pared o le pega? Justifica su conducta diciendo: «No me ha dejado en paz en todo el día. Al final exploté. Ya no podía soportarlo más». El maltratador sabe muy bien que lo que hizo estaba mal. Pero, para evitar las consecuencias, echa la culpa a su mujer. Ella lo obligó a hacerlo. Eso no tiene ningún sentido. Ella no estaba en su cerebro conectando la corteza motora con la musculatura de su brazo.

En su libro *Character Disturbance: The Phenomenon of Our Age*, Simon explica a grandes rasgos cómo actúan realmente los caracteres manipuladores y el modo en que nosotros como sociedad les permitimos hacerlo. Señala los términos psicológicos mal utilizados que nos tienen atrapados a todos: así, *conducta impulsiva* significa en realidad *mala conducta*. *Estar sumido en la negación* es en realidad *mentir*. *Defensivo* tendría que sustituirse por *combativo* o *agresivo*. Y lo que las personas empáticas denominan *vergüenza* es en realidad la incomodidad del vampiro por haber sido *descubierto*. Lo cierto es que a estos caracteres les iría bien un poco de vergüenza sana, en el sentido de avergonzarse de su conducta, cosa que no hacen. Lo que denominamos *pasivo-agresivo* es en realidad *agresión encubierta*. Habría que reemplazar *codependencia* por *dependencia* o *maltrato*. Habría que sustituir lo que llamamos *ayuda* por lo que es en realidad: *ir detrás* o *permitir*.

La terapia de apoyo, el amor y la empatía no los ayudan. Ni un ápice. De hecho, empeoran las cosas. Quienes han sido inducidos a creer que el amor y el cariño lo sanarán todo harían bien en recordar que hasta un santo como el famoso Padre Pío de Italia se negaba a veces a dar misa a quienes iban a verlo si consideraba que no eran dignos de ello.

Sé que estás pensando: *Pero ¿y la neuroplasticidad? ¿No pueden cambiar?*

Lo único que sabemos es que es posible que el cerebro cambie con el tiempo. Después de todo, nuevos estudios sobre neuroplasticidad —la capacidad de cambiar del cerebro— han mostrado que aprender cosas nuevas sigue aumentando el tamaño y la cantidad de células de nuestro hipocampo, el área del cerebro asociada con la memoria. Las mujeres septuagenarias que intentan constantemente cosas nuevas, como bailar, adquirir nuevas actividades físicas o aprender un idioma, tienen un cerebro casi tan avispado como el cerebro de una veinteañera.

Sin embargo, la neuroplasticidad y el cambio dependen de una cosa: la *voluntad*. Jamás conseguirás *ningún* cambio sostenible y positivo en tu cerebro si tú no estás dispuesto a cambiar algo. La persona del Grupo B tiene que *querer* cambiar. Y las probabilidades de que eso suceda son básicamente nulas. Así que sí, es técnicamente posible, pero es sumamente, extremadamente, abrumadoramente, enormemente, apabullantemente improbable. Recuerda que nacieron así. Lo mismo que tú no elegiste nacer siendo una persona empática, ellos no eligieron nacer con su personalidad. De modo que no se trata de considerarlos malos o intentar enderezarlos. Se trata, simplemente, de evitarlos o, por lo menos, de establecer límites muy saludables, y salvarte.

RECONOCER A UN VAMPIRO

El primer paso para salvarte consiste en ver el problema. Así que aquí encontrarás las características comunes de los vampiros energéticos. Y recuerda que se trata de un continuo. Algunas personas son vampiros en toda regla. Otras poseen determinados rasgos de un vampiro. Todas ellas usan la manipulación para satisfacer sus necesidades.

Suelen ser encantadores, atractivos, carismáticos y extrovertidos. Suelen tener unos ojos hipnotizadores que te hacen partícipe de lo que te están diciendo. Pueden ostentar cargos importantes en el gobierno, los negocios, un culto religioso, el ejército y la medicina. Piensa en un directivo de una empresa de la lista Fortune 500, que incluye las quinientas mayores empresas estadounidenses. O en una prominente figura política.

Los vampiros carismáticos tienden a rodearse de seguidores que están pendientes de todo lo que dicen, como en el caso del gurú que mencioné en el capítulo anterior. Y estos adláteres suelen hacer lo que quiere el vampiro, del mismo modo que los monos voladores de *El mago de Oz*. De hecho, cuando empiezas a abrir los ojos y a reprochar su conducta al vampiro, los adláteres empiezan a atacarte, y crees constantemente que tienes que defenderte y hacer que escuchen tu lado de la historia. (Esto nunca funciona, por cierto. Concéntrate en ti.)

Suelen sentir una indiferencia total por el bien y el mal. El carácter se define por la forma en cómo uno se comporta cuando nadie lo mira, pero los vampiros suelen cometer sus mayores crímenes cuando nadie los mira y convertirse después en ciudadanos modélicos cuando la cámara los está enfocando, como un político que llora compasivo ante la cámara pero se llena los bolsillos con el dinero de los contribuyentes cuando las cámaras no lo están captando.

Tener buen aspecto es uno de los valores más anhelados de un vampiro. Así que señalar cualquier debilidad o sugerir un área de mejora suele toparse con evasivas o con rabia.

Su autoestima se basa en logros personales exteriores: qué aspecto tienen, en qué clase de casa viven, qué clase de coche conducen.

Pueden ser mentirosos patológicos a los que la sociedad suele excusar porque se les da muy bien manipular. Minimizan («No le aticé tan fuerte»), mienten descaradamente («Yo nunca dije eso») o dicen medias verdades, omitiendo detalles importantes. La sociedad permite a estos expertos manipuladores hacer lo que quieren tan a menudo que pueden, literalmente, asesinar impunemente. Como señala Sandra Brown, «el mundo parece ser de su propiedad.»

Se niegan a responsabilizarse de su conducta. Es siempre otro quien «se lo está haciendo» a ellos. En una conversación reciente, mi amigo el psicólogo clínico Bob Palumbo me dijo: «Es muy fácil diagnosticar una personalidad *borderline*. Te la juegan, te estafan, cometen cualquier transgresión y después te culpan a ti de ello». Bingo.

Son depredadores que viven a costa de personas empáticas enganchándolas con «historias lacrimógenas» como «Mi mujer me engañó con otro y me dejó. Y ahora nunca veo a los niños.»

Los vampiros suelen aburrirse, por lo que les gusta que las cosas estén siempre animadas. De ahí que suelan ser muy coquetos y divertidos. Tan divertidos, de hecho, que el miedo a perderse toda la diversión y el *glamour* que los rodea suele tener enganchadas a las personas empáticas más introvertidas. En comparación con su vida, la tuya parece corriente y carente de interés. No quieres perdértelo.

Una vampira de mi pasado iniciaba siempre todas las conversaciones diciendo: «No te vas a creer lo que pasó mientras no estabas». Y entonces empezaba a contar un culebrón dramático que era realmente de lo más entretenido. Pero, con el tiempo, vi que tan sólo era su *modus operandi* para conseguir atención y suministro narcisista. Una vez esta clase de drama constante salió de mi vida, gocé de la nueva paz de mi existencia. De hecho, el nivel de paz era tan grande que mi socia y yo estuvimos un par de años comentándolo a menudo. Siempre decíamos: «Caray, ¿no es un alivio increíble no tener que lidiar todo el rato con todos esos dramas?»

Una forma en que los vampiros incorporan el drama a sus vidas es a través de los problemas de salud. Se calcula que entre el 25 y el 30 por ciento de los pacientes de una consulta de atención primaria se valen de las enfermedades para lograr satisfacer sus necesidades emocionales. No tienen el menor interés en ponerse bien porque reciben mucha atención durante sus visitas al médico. El doctor Mario Martinez lo expresa así: «Las enfermedades son más fáciles de tratar que el miedo a dejar atrás la enfermedad y hacer lo que tienes que hacer sin la enfermedad».

Los narcisistas en toda regla pueden ser hipersexuales y dárseles muy bien el sexo. También son sumamente seductores y a menudo muy atractivos. Rara vez son monógamos y suelen tener aventuras amorosas. Y, desgraciadamente, te abandonarán sin dudarlo ni un segundo cuando ya no les proporciones el suministro que necesitan. Imagina estar casada con un vampiro más de veinte años y darte cuenta de repente de lo que ha estado ocurriendo y pedir un cambio. Lo más probable es que te quedes de una pieza cuando la persona que has amado y por la que te has sacrificado (con la certeza de que con el tiempo cambiaría) no sólo no cambia, sino que en lugar de eso encuentra una nueva pareja (fuente de suministro narcisista) en un mes más o menos. Esto puede ser un golpe durísimo para la persona empática, que se pregunta: *¿Me amó realmente alguna vez?*

Así que, cuando examines tus relaciones y tus interacciones con alguien que sospeches que es un vampiro, busca el empleo de estas tácticas habituales de manipulación:

- Ser agresivo o encubiertamente agresivo para salirse con la suya.

- La necesidad de «ganar» siempre. No aceptan un «no» por respuesta, y si tratas de resistirte, te agotan hasta que cedes.

- Mentiras que lo presentan de la mejor forma posible sea cual sea la situación, o su verdadero papel en ella.

- Supercompetitividad y lucha por tener el control, asegurándose de mostrar siempre su «poder».

- Ninguna respuesta directa, ni siquiera a una pregunta sencilla. Por ejemplo, podrían responder la pregunta: «¿Puedo contar contigo para ir hoy a la compra?» con: «Ya sabes lo cansado que estoy después del trabajo».

- Culpar a los demás por sus actos ofensivos.

- Hacerte sentir culpable para hacerte sentir mal.

Puede ser difícil identificar a tu vampiro porque a menudo te quedas atrapado en los detalles cotidianos de las mentiras y los sentimientos de culpa. Te pasas el tiempo intentando manejar las consecuencias negativas que se presentan cada día, por lo que no tienes tiempo de ver la situación desde una perspectiva más amplia. Pero para ver que alguien es un vampiro, a menudo tienes que distanciarte un poco y observar sus patrones de conducta, no simplemente los incidentes conductuales. Puede ser difícil hacer este cambio (reformular tu perspectiva de alguien), pero a veces se ve mejor su verdadera naturaleza desde cierta altura.

Mientras combates tu inclinación natural a conservar una relación y «enderezar» a la otra persona, por favor, recuerda que los vampiros no poseen moralidad ni conciencia. Carecen de verdadera compasión y de verdaderos remordimientos. Creen que son perfectos. Suelen mostrar una conducta vengativa, están frecuentemente enfadados, carecen de remordimientos y son incapaces de tener relaciones cercanas. Suelen explotar a los demás mediante el engaño. Sé que es difícil de aceptar, pero saben exactamente lo que están haciendo. *No* están sumidos en la negación en absoluto.

Son expertos en usar tácticas y maniobras interpersonales específicas para dominarte. Cuando sabes cómo actúan, es mucho menos probable que seas su víctima.

6

Piensa primero en ti

En su libro *In Sheep's Clothing*, el doctor George Simon escribe: «La norma más fundamental en las interacciones humanas es que el agresor establece las normas. Ello se debe a que, una vez atacada, debilitada en su posición o emocionalmente dominada, cualquier víctima de una agresión (incluida la agresión encubierta) está siempre luchando por establecer un equilibrio de poder más favorable». O, como dice el viejo cliché: «La mejor defensa es un buen ataque».

Así que, ahora que has aprendido a reconocer a tu vampiro, ha llegado el momento de que pases al ataque, y de eso va el resto de este libro. Consejos, técnicas y tácticas que te permitirán controlar tu propia vida y tus relaciones.

En caso de tratar con un vampiro energético, lo primero que tienes que hacer es admitir que existe un problema. A las personas empáticas suele costarles aceptar que hay gente que no está llena de amor y de luz. Existen realmente depredadores que carecen de carácter, empatía y compasión. Cuanto antes lo aceptes, más a salvo estarás y más feliz serás.

Y entonces, una vez has aceptado esta realidad, ¿qué haces para evitar ser el suministro narcisista de alguien? Empecemos por el principio: reconocer la relación.

VALORA TUS RELACIONES

Para averiguar si tienes una relación con un vampiro energético, hay dos cosas que necesitas saber: (1) cómo identificar a un vampiro energético, y (2) tu probabilidad de tener una relación con un vampiro energético. En resumen, tienes que saber cómo valorar correctamente el carácter de los demás y el tuyo. Tienes que reconocer e identificar correctamente las tácticas manipuladoras. También tienes que ser muy consciente de los aspectos de tu propio carácter que hacen que seas vulnerable a la manipulación.

En el capítulo anterior hemos tratado, en profundidad, las tácticas y los rasgos de un vampiro energético, por lo que, si necesitas refrescar la memoria en ese sentido, vuelve a la página 86 y léelo de nuevo. Ahora sólo te diré que hay un par de frases que es probable que hayas oído y que pueden ayudarte a decidir si estás tratando con un vampiro energético:

- «Por sus actos los conoceréis.»

- «Si camina como un pato y grazna como un pato, es probable que sea un pato.»

Estas frases pueden ayudarte a formarte una idea sobre el carácter de alguien. Recuerda que el manipulador está luchando por algo: control, suministro narcisista, atención, estatus, dominio. No prestes atención a lo que esté diciendo. Está alerta a la táctica que está utilizando para ganar. Fíjate en su conducta, no en sus palabras.

Ahora llegamos a la parte difícil: conocerte a ti misma. Si te identificaste con la explicación de lo que define a una persona empática en el capítulo 1, ya has andado un buen trecho para saber que podrías tener una relación con un vampiro energético.

Pero ten presente que el arma más potente que tiene un vampiro es el carácter de la víctima. Sabe cómo es probable que reaccione a sus tácticas. Así que cuanto mejor te conozcas, y mejor conozcas tus vulnerabilidades (que pueden ser puntos fuertes en otros ámbitos de la vida excepto con un vampiro), menos poder tendrán los vampiros energéticos.

Además de los superrasgos de la escrupulosidad, la lealtad y la paciencia de un santo, Sandra Brown ha identificado varios tipos de carácter que vuelven a las mujeres más vulnerables a la manipulación. Si bien la investigación y el trabajo de Brown se han concentrado exclusivamente en mujeres, esos mismos rasgos vuelven a los hombres igualmente vulnerables. La lista de recursos incluida al final de este libro será tan útil a los hombres como a las mujeres. A continuación he relacionado los tipos de carácter junto con algunas preguntas de autoevaluación para ver si son aplicables a ti:

- **Extroversión y búsqueda de emoción:** ¿Crees que sueles establecer relaciones con personas extrovertidas y fascinantes? ¿Te aburre la idea de tener una relación «cómoda»?

- **Inversión en la relación:** ¿Inviertes mucho emocional, espiritual, física y económicamente en todas tus relaciones, no sólo en las más cercanas? ¿Sueles tener la sensación de dar el 80 por ciento mientras que los demás sólo dan el 20 por ciento?

- **Apego:** ¿Tienes la capacidad de establecer vínculos afectivos profundos? ¿Creas rápidamente vínculos fuertes con los demás? ¿Estableces vínculos que te hacen sentir obligado o deseoso de hacer lo que la otra persona te pida en tus relaciones?

- **Competitividad:** ¿Es poco probable que des por terminada una relación? ¿Te mantienes firme y luchas para que la relación siga adelante? (Ten presente que aquí no estamos hablando de codependencia.)

- **Evitación baja del daño:** ¿Supones que no te lastimarán? ¿Ves a los demás como te ves a ti y supones que sienten lo mismo que tú?

- **Cooperación:** ¿Eres la persona dinámica que se arremanga entusiasmada cuando hay algo que hacer? ¿Con humor y entusiasmo? ¿Tienes tendencia a ofrecerte para ayudar? ¿Tienes tendencia a animar cualquier grupo en el que estés?

- **Hiperempatía:** ¿Puedes sentir literalmente lo que sienten los demás? ¿Lloras con facilidad con las películas, los libros tristes, los anuncios de televisión que buscan tocar la fibra sensible? ¿Trabajas en profesiones del ámbito sanitario?

- **Responsabilidad y empuje:** ¿Eres la persona a quien recurrir en tu familia o en el trabajo? ¿La que conserva la «memoria tribal» del lugar; la persona que recuerda dónde se guardan los viejos contratos y qué decían las actas de la reunión celebrada dos años atrás? ¿Sueles terminar desempeñando funciones de liderazgo en el trabajo o en casa?

- **Iniciativa:** ¿Eres una persona con iniciativa que trabaja bien sin supervisión? ¿Te motiva mucho aprender cosas nuevas, descifrar sistemas y resolver problemas?

- **Rendimiento superior a lo esperado:** ¿Te han dicho alguna vez que rindes más de lo esperado? ¿Ves que normalmente trabajas más que los demás y te cuesta descansar y cuidar de ti?

El psicólogo George Simon Jr, ha identificado también cualidades parecidas que pueden convertirse en vulnerabilidades en personas que corren el riesgo de ser manipuladas:

- **Ingenuidad:** ¿Simplemente, crees que es imposible que la gente sea tan astuta, taimada y malvada como te dice tu intuición? ¿Supones que todo el mundo quiere lograr el bien de los demás?

- **Escrupulosidad:** ¿Eres más dura contigo misma que con los demás? ¿Das al manipulador el beneficio de la duda cuando te hace daño? ¿Estás demasiado dispuesta a culparte a ti misma cuando el vampiro te ataca?

- **Baja autoestima y poca seguridad en ti misma:** ¿Dudas que tus necesidades y tus deseos sean legítimos? ¿Tienes lo que hace falta para enfrentarte directa y eficazmente a los conflictos? ¿Das marcha atrás ante la primera señal de conflicto y cedes ante la otra persona? ¿Se te puede manipular fácilmente a través de la culpa y la vergüenza?

- **Intelectualización:** ¿Intentas comprender y explicar siempre racional y lógicamente la conducta de los demás? ¿Y cometes el error de creer que tiene que haber un motivo por el que el manipulador actúe como lo hace? ¿Te concentras tanto en intentar comprender los puntos de vista de los demás que te olvidas de ti misma? ¿Tienes problemas para aceptar que en este mundo hay personas que pelean demasiado y que pelean solapadamente sólo para conseguir lo que quieren?

Examínate a ti misma

Dedica ahora algo de tiempo a pensar en las personas que hay en tu vida y en tu carácter. Pon música suave, enciende una vela y deja vagar la mente. Repasa la lista y pregúntate si te identificas con alguna de las características mencionadas anteriormente. Responde las preguntas incluidas lo más sinceramente que puedas. Y recuerda que muchas de estas características son loables cuando se trata de ser eficaz en tu vida en general. Es sólo que no entendemos que los vampiros puedan ser tan calculadores y depredadores. Y nos pillan desprevenidos.

Examina a los demás

Una vez has comprobado tus probabilidades de atraer a los vampiros, examina tus relaciones y haz una lista de vampiros. Retrocede hasta donde te alcance la memoria y anota todos los vampiros que hayas conocido. Si estás tratando con un vampiro actualmente, es probable que hayas tratado con ellos toda tu vida y que tu primer vampiro estuviera en tu familia: un progenitor, un abuelo o una abuela, un hermano o una hermana, un tío o una tía. También es probable que nadie más de tu familia supiera lo manipuladoras que eran esas personas. O que te afectaban negativamente.

Piensa en un vampiro de tu pasado o de tu presente. Revive el momento en que lo conociste o empezaste a trabajar con él. Si fue en tu infancia, ¿te daba dolor de barriga cuando iba a tu casa? ¿Recuerdas intentar complacerlo para protegerte? ¿Te asustaba o te maltrataba de algún modo? ¿Terminaste cediéndole tu poder porque nadie te dijo cómo hacerle frente?

Es muy posible que tu primer vampiro fuera tu madre o tu padre. Y que te criara para que fueras una «prolongación» suya. Puede que viviera sus esperanzas y sueños no vividos a través de ti. O que toda tu vida estuviera dedicada a hacerle quedar bien.

Al repasar tu lista de vampiros, ¿observas lo parecidos que son? Regresa al capítulo 5 y lee de nuevo las características de un vampiro. Confía en ti en este ejercicio, especialmente si empiezas a disuadirte de lo que sabes y lo que sientes.

Fíjate que cada vez que identificas un vampiro y sus tácticas estás cada vez más cerca de esquivarlos en tu vida diaria. Pasado un tiempo, podrás detectarlos antes de haber tenido siquiera tu primera interacción con ellos. Y aunque sean tan encantadores e inteligentes que consigan superar tus defensas, empezarás a «abrir los ojos» cada vez antes.

Uno de mis colegas lo explica así: «Mi madre tenía tendencias narcisistas y era muy egocéntrica. Terminé «casándome con mi madre». Ese matrimonio duró 23 años. Después inicié una relación con una amiga que era también una vampira encantadora y carismática. Abrí los ojos después de 12 años. Luego hubo un socio empresarial con quien intenté montar una empresa. Eso terminó pasados tres años. Al mismo tiempo, empecé a trabajar con una carismática profesora de empoderamiento femenino. Vi la luz a los cinco años, pero no teníamos un contacto regular. Cada vez soy capaz de detectar antes las tácticas de los vampiros. Y cada vez que confío en mi intuición y abandono mi patrón de darles en exceso, me felicito. A veces hasta observo el patrón la primera vez que los veo y ya no me relaciono en absoluto».

DEJA DE CREER EN EL VAMPIRO

Una vez has identificado que alguien es un vampiro, sólo puedes hacer una cosa. Ya lo he dicho antes y lo vuelvo a decir ahora: *tienes que asumir que él/ella jamás cambiará*. Tienes que seguir con tu vida y dejar de esperar el día en que ese «potencial» que ves en ellos se haga realidad. Las probabilidades de que eso suceda son prácticamente nulas, y no cambiarán a no ser que los obligue algo tan fuerte como que dejes de creer en ellos.

Añado una aclaración: Sandra Brown y el doctor George Simon, ambos expertos en este campo de los trastornos de la personalidad, no están de acuerdo sobre si es posible o no el cambio. Brown nunca lo ha visto en sus 30 años de trabajo con vampiros y sus víctimas. Por otra parte, Simon, con 25 años de experiencia, informa que alguna vez ha visto cambiar a alguien.

Recuerda que existe un espectro de vampiros. Algunos de ellos simplemente poseen rasgos narcisistas; otros son psicópatas en toda regla. Los situados en el extremo inferior de la escala pueden cambiar a veces, pero, como mencioné anteriormente, sólo lo hacen cuando los presionan circunstancias externas como la pérdida de una relación, estatus, dinero o un empleo. Tienen que saber que están acorralados. Su mala conducta ha sido identificada y sus tácticas ya no funcionan. Simon afirma que en algunos casos, en los que no se deja de reprochar al vampiro su conducta, algunos pueden cambiar, pero sólo si sienten la vergüenza y la culpa suficiente (o la amenaza de una pérdida) que les lleve a mirarse en el espejo y a querer cambiar y ser mejor personas.

En toda mi carrera profesional y vida hasta ahora, sólo conozco un caso en el que esto ha sucedido, y sirvió para salvar un matrimonio. No fue simplemente porque la víctima aceptara que el vampiro volviera; fue porque «había salido por la puerta» y le dio un ultimátum. Ésta fue la clave. Ya no invertía en el matrimonio o en él de ninguna manera. Había llegado a la increíble etapa conocida como *indiferencia*, y con la indiferencia no hay suministro narcisista. No era solamente que no le tocara mover ficha a ella, sino que se había ido y lo había dejado solo con el tablero.

Dijo a su marido que tenía que irse de casa tres meses y que tenía que ir a un terapeuta especializado en trastorno narcisista de la personalidad, lo que significa un terapeuta al que no podría manipular con sus tácticas de vampiro. Como tenía mucho que perder, él siguió las normas. Fue al terapeuta dos veces por semana y su conducta cambió. Afortunadamente, estaba lo bastante bajo en la escala narcisista como para tener algo de conciencia y el deseo de cambiar. Pero una vez más, insisto: *esto es muy raro*.

Estos ejemplos increíblemente raros de cambio están marcados por el hecho de que el vampiro se arrepienta. George Simon señala que eso es totalmente diferente al pesar o al remordimiento, que los vampiros energéticos pueden expresar sin problemas («Te he pedido perdón cien veces, ¿qué más quieres de mí?»), sin cambiar realmente su conducta. Arrepentirse significa estar hecho pedazos, por lo que si hay verdadero arrepentimiento, los vampiros saben que les corresponde a ellos *demostrar* que han cambiado y hacer todo lo que esté en su mano para convertirse en una persona mejor. Lo fundamental es lo siguiente: si alguien se arrepiente de verdad, no tendrás que hacer nada. *Ese alguien* será responsable de hacer todo lo que esté en su mano para cambiar. Dicho de otro modo, la persona empática no tiene que encontrar el terapeuta adecuado, el grupo adecuado, el nada adecuado. Es el vampiro quien tiene que mover ficha.

Pero, como dije, esto es rarísimo, por lo que tienes que obrar asumiendo que tu vampiro nunca cambiará. Piensa primero en ti, deja de esperar el milagro y sigue adelante con tu vida. Y punto. Fin de la historia. Realmente, tienes que tirar la toalla. No puedes creer ni por un minuto que el cambio es posible. Es la única forma. Porque la probabilidad entre un millón de que cambie sólo se producirá cuando hayas tirado la toalla. Es una enorme paradoja.

Dudé en contarte este único caso porque temí que la esperanza de un cambio te llevara a transigir con el dolor y a no hacer el esfuerzo real de desconectarte. No es así como funciona. Tienes que hacer lo que sea necesario para salvarte. Después ya decidirás si quieres enviar algo de tu energía a esa persona. La única jugada segura que te ayudará es asumir que el vampiro nunca cambiará. Tienes que desconectar lo antes y lo más completamente posible. Como mi amiga, tienes que llegar a una indiferencia total, algo difícil para las personas empáticas. Sólo entonces estarás en posición de taponar fugas de energía y recuperar tu salud y tu poder.

CONCÉNTRATE EN TI

Este capítulo se titula «Piensa primero en ti» porque, básicamente, todo lo que digo en él se concentra en hacer simplemente eso. Pero hacerlo puede ser difícil, así que quiero tratarlo directamente. Lo que me lleva a una de mis citas favoritas de Abraham, canalizado por Esther Hicks: «No puedes enfermar lo suficiente para ayudar a un enfermo a mejorar. No puedes empobrecerte lo suficiente para ayudar a un pobre a prosperar». Cuando creemos que es nuestro deber aguantar y donar nuestra energía vital a un pozo sin fondo para intentar hacer sentir mejor a alguien, los únicos que acabamos sufriendo somos nosotros. Es como el viejo dicho: «Cuando atenúas tu luz para complacer a los demás, todo el mundo se oscurece». Así que cuídate. Tratar de no necesitar jamás ninguna atención, afecto u oreja amiga no sana nada. De hecho, te pone en peligro. No tendrías que pasarte toda la vida ayudando a los demás a tu costa.

¡Tú cuentas! Tu bienestar es una parte necesaria del conjunto. Y tu bienestar influye en el conjunto de un modo muy positivo. Si te estás sacrificando constantemente por el bien de los demás, ¿quién te salvará a ti? Nadie. Si no aprendes a incluirte a ti misma, acabarás en un ciclo de recuperación y sacrificio de tu bienestar en un intento equivocado de salvar a los demás. Digo en broma a la gente que si no pone en orden su difícil relación con su hijo, marido, madre, esposa, etc., regresarán como gemelos idénticos la próxima vez. Eso sí que es karma. Vale, lo estoy simplificando. Evidentemente, el concepto del karma es mucho más complicado. Pero ya me entiendes.

Se ha calculado que las probabilidades de que estés aquí en este mundo y en este momento concreto siendo tú, teniendo en cuenta cuántas personas hay en el mundo y cuántos millones de espermatozoides jamás alcanzan un óvulo, son de una entre 400 billones. Asimílalo. Se supone que tienes que estar aquí. Es tu deber celebrar tu excelencia y tus dones únicos. Es tu deber usar tus talentos específicos para servir al mundo, un mundo que tiene que incluir, desde luego, tu bienestar. Así que tienes que pensar primero en ti. Concéntrate en ti y en tu bienestar ante todo. La satisfacción que obtendrás al hacerlo te asombrará y sanará.

La única forma de sanar y convertirte en la fuerza del amor que se supone que tienes que ser es asegurarte de darte a ti misma el beneficio de la duda. Trátate igual de bien que tratas a todos los demás. Sacia tu sed antes de empezar a compartir con los demás. Encuentra el amor en tu interior. La clase de amor que nunca te falla.

Para cambiar tu visión sobre ti misma, repite lo siguiente en voz alta cada mañana antes de empezar el día:

«Juro lealtad a mí misma
y a mi Alma por lo que represento.
Honro mi bondad, mis dones y mis talentos.
Me comprometo a permanecer leal a mí misma desde
este momento y para el resto de mis días».

Para mí se trata de un nuevo «Juramento de Lealtad», el juramento que se hace a la bandera de Estados Unidos. Mario Martinez lo considera «aceptar tu grandeza con humildad». Lo llames como lo llames, este acto lo cambia todo. Si este juramento no te funciona, prepara el tuyo propio. Se trata de aceptar que importas todos y cada uno de los días. La cuestión es repetirlo una y otra vez hasta que cale en tu subconsciente. Si lo repites a diario, pronto empezarás a tomar conscientemente decisiones que te honren a ti misma. Y muy pronto empezarás a tomar esas decisiones sin pensar en ello. Entonces, el pensamiento se habrá convertido en una creencia arraigada.

Sí, pensar primero en ti puede ser duro —es más fácil decirlo que hacerlo—, pero vale la pena. Cuando empieces a hacerlo te sentirás culpable, sin duda. Cuando eso pase, tienes que reconocer la culpa y aceptarla. Eso solo ya resta algo de poder a la culpa. Me gusta hacer un divertido ejercicio siempre que la culpa asoma la cabeza. En cuanto la siento, me digo firme y cariñosamente a mí misma: «¡Muy bien! ¡Lo estás bordando! Nadie ha sentido la culpa mejor que tú ahora».

Lo creas o no, aceptar completamente la culpa te ayudará a liberarla mucho más deprisa que aferrarte a ella y fustigarte. Cuando nos resistimos a sentir lo que realmente sentimos, nos quedamos estancados. Como se dice: «Hay que sentirlo para sanarlo». Y aunque la culpa y la vergüenza son sentimientos increíblemente dolorosos, es mucho mejor sentirlos y liberarlos que tenerlos consumiéndote por dentro. Cuando sientes vergüenza, culpa, tristeza o cualquier otra emoción dolorosa, ¡felicítate!

ESTABLECE LÍMITES

Una de las tácticas más potentes que puedes adoptar para pensar primero en ti consiste en establecer límites. Hay límites de todas las formas y todos los tamaños, desde una interrupción total hasta una minimización controlada. Los límites son totalmente clave para tu cordura, en especial si sospechas que tu vampiro tiene un trastorno límite de la personalidad (*borderline*). Por supuesto, lo mejor que puedes hacer para evitar ser un suministro narcisista es interrumpir por completo la comunicación. Pon fin al matrimonio. Termina con la relación. Deja el trabajo. Pero para muchas personas esta táctica no funciona. No puedes simplemente abandonar a tu marido si tenéis hijos comunes. No puedes dejar un trabajo si necesitas el dinero. ¿Y qué pasa si tu vampiro es uno de tus hijos? En cualquiera de estos ejemplos, el objetivo es averiguar cómo minimizar el contacto, o por lo menos minimizar que se aprovechen de ti, lo más humanamente posible.

¿Recuerdas que te dije que al principio de mi carrera una valoración negativa me atormentaba y superaba la alegría que debería haber sentido al leer las 200 valoraciones positivas? Arruinaba mi concepto de mí misma y mi humor un par de semanas. Bueno, ya no tengo que lidiar con eso porque establecí un límite. Decidí no abrir el correo yo misma. Pedí a alguien del personal que lo hiciera, como mecanismo de autoprotección. Y si la crítica era constructiva, efectuaría los cambios necesarios. Aunque, con toda franqueza, no recuerdo más de un par de ejemplos a lo largo de los años en los que la crítica fuera constructiva.

Ahora, con los medios sociales, es casi imposible evitar la crítica y la negatividad, especialmente si te muestras en ellos de un modo significativo. Naturalmente, cuanto más conocido eres, más negatividad. Recuerdo que cuando veía por televisión la entrega de los Oscar de 2017 algunas de mis estrellas cinematográficas favoritas leyeron a cámara los tuits desagradables sobre ellos de ese año. Fue impresionante ver a la maravillosa Emma Stone leer un tuit sobre ella que rezaba: «Emma Stone parece siempre una prostituta drogadicta en todas las películas que hace». ¡Ay!

Así que la cuestión es encontrar una estrategia para lidiar con las valoraciones negativas y las críticas. Cuando estaba dando los últimos toques a este libro, hice una presentación por Facebook Live con un amigo agricultor que cultiva grosellas negras ricas en antioxidantes y al que quería que mi comunidad conociera. Intervinieron cientos de personas de todo el mundo, muchas de ellas con aportaciones estupendas a la conversación. Pero hubo un comentario. Una mujer que dijo: «Iría mucho mejor si lo dejaras hablar a él. Estás acaparando la conversación». Hiriente. Ahí estaba de nuevo la astilla. Por supuesto, era sólo su opinión. Pero es en la que me concentré durante un rato, dado mi patrón de toda una vida de intentar complacer y sanar a los demás, a costa de mí misma.

Esto es lo que hago ahora con respecto a los medios sociales, y tú puedes encontrar lo que funcione en tu situación. Si alguien es sarcástico o crítico, ya no intento «embellecerlo», enviarle amor o explicarle mi postura. Si el comentario es desagradable o despectivo, simplemente, lo borro. Si vuelve a pasar, me limito a pulsar «bloquear usuario». La página de mi comunidad de Facebook es mi reino. Y yo soy la Reina de mi propio Reino. ¿Por qué tendría que dejar que alguien lo arruinara? Lo trato como trato mi hogar. No dejaría que nadie lo ensuciara o dejara basura tirada en mi patio, ¿por qué iba a permitir el equivalente digital? La gente tiene muchas oportunidades para pelearse y ser desagradable en los medios sociales, pero mi página *no* es uno de ellos.

Hay muchas situaciones en la vida en las que puedes realizar un cambio sencillo para proteger tu energía. Si hay alguien en el trabajo con quien terminas charlando y que te exprime cuando pasas a su lado cada vez que vas al baño, encuentra otra ruta para ir al baño. Si no hay otra ruta, ¿hay otro baño?

¿Te llama tu amigo sólo cuando necesita algo? No contestes, pero no pongas excusas. La conducta lo es todo. Si alguna vez reúne el valor para preguntarte si lo has estado evitando, repróchale su conducta. Y prepárate para que no se lo tome bien.

Uno de mis amigos, a quien llamaré Sandy, trabaja en una empresa en la que el director general es un bravucón (y un vampiro). Con el tiempo, Sandy se hartó de los arrebatos de rabia y los insultos que tenía que soportar de este hombre. Finalmente, le preguntó: «¿Qué te he hecho para que me trates así?» Y se acabó. Sandy se enfrentó al bravucón y el bravucón se marchó a otra parte. Hace poco oí que el mismo brabucón llegó demasiado lejos y fue despedido. También tiene problemas en su matrimonio. Bastante habitual en el vampiro típico.

El poder del no

Una de las mejores formas de minimizar tu interacción con los vampiros energéticos es el «empoderamiento negativo». Dicho de otro modo, aprender a rechazar a la gente, aunque tengas que lastimarla un poco al hacerlo. Esto es fundamental. Sé cómo esos viejos anuncios contra las drogas: simplemente, di no.

Sé lo que estás pensando: *si decir no fuera tan fácil, ya habría empezado a hacerlo.* Pero ésa es la cuestión: decir no requiere práctica. Es posible decir no de un modo que no lastime a la persona con quien estás hablando. Sólo hace falta compasión, algo que tienes a raudales. Si no te resulta fácil al principio, por lo menos di: «Ya te diré algo». Lo principal que tienes que dominar es dejar el SÍ automático. Ésta es una buena forma de decir no: «Me siento muy honrado de que me lo hayas pedido, pero no puedo hacerlo. Sé que lo comprenderás».

Te presento un ejercicio rápido que puedes usar al empezar a practicar el no. La próxima vez que alguien te pida que hagas algo, inspira y conecta con lo que estás sintiendo. ¿Se te cae el alma a los pies cuando piensas en decir sí? ¿Estás entusiasmada? ¿Te disgusta que te lo haya pedido? Si prestas atención a estas sensaciones, sabrás bastante deprisa si quieres realmente decir sí. Y si no es un «sí rotundo», es un no. Si es un no, recuerda siempre que, si dices sí cuando quieres decir no, tu ambivalencia afectará negativamente la energía de todo el empeño. No estás haciendo ningún favor a nadie con tu sí.

Empieza diciendo no a pequeña escala. *¿Quieres un refresco?* No. *¿Te importa si dejo el abrigo sobre tu cama?* No. *Ponlo aquí, por favor. ¿Te parece bien que comamos mientras hablamos?* No. Observa cómo lo hace un niño de dos años. A esta edad, desarrollamos límites de modo natural y aprendemos la palabra *no*. Mi nieta de dos años me llena de alegría cuando no le gusta algo que estoy haciendo y me dice: «Para, Lulu». Alto y claro.

Cuanto te sientas algo más cómoda diciendo no, o «Ya te diré algo», a cosas poco importantes, puedes pasar a hacerlo en las cosas importantes. Pero no lo hagas de golpe. Imagina una situación importante en la que quieres decir no pero en el pasado no tuviste agallas para hacerlo. Supéralo. Paso a paso. Hasta podrías recordar una situación en la que dijeras sí cuando querías decir no. ¿Cómo salió? ¿Terminaste satisfecha de haber dicho sí? ¿O, como pasa a menudo, la situación empeoró cada vez más? En el inconsciente no existe el tiempo. Cuando revives una situación o sentimiento como si estuviera pasando en la actualidad, eso refuerza la situación. Ni la mente ni el cuerpo saben la diferencia entre el pasado y el presente. No saben si estás experimentando algo en la actualidad o en un recuerdo. Sólo saben que estás experimentando una emoción asociada con una situación. Eso es lo bastante real como para que el cerebro lo registre como una experiencia real. Y cuando lo haces —repetidamente—, creas caminos neuronales que determinan cómo reaccionarás en tu vida. De modo que el objetivo de esta visualización es crear un camino neuronal que te ayude a decir no. Vuelve a esa misma situación, y en tu imaginación di: «Simplemente, no puedo». Practica diciéndolo una y otra vez. Hazlo hasta que se vuelva tan automático que sea lo primero que se te ocurre decir. Y recuerda que no es necesario dar ninguna excusa ni explicación. Limítate a decir: «Simplemente, no puedo». No es necesario discutir. No le debes nada a nadie.

Pasa ahora a otra situación distinta. Imagina que un amigo te pide que vayas con él a hacer algo. Imagina la desazón que sientes. Pero también la sensación simultánea de que no quieres fallarle o decepcionarle.

Y entonces encuentra las palabras exactas que usarías para rechazar la oferta de tu amigo. Imagínate diciendo esas palabras e imagina la respuesta de tu amigo. Supera el miedo. Y hazlo de nuevo. Vuelve a poner esa película una y otra vez hasta que no te provoque ningún temor.

Una vez te hayas enfrentado a tu miedo a decir no, serás mucho más capaz de ceñirte a situaciones que no te consumen.

Ala rota

Otra táctica que me encanta para establecer límites, o para desconectar completamente de un vampiro energético, se denomina «ala rota». Hace cierto tiempo, cuando apenas empezaba a descubrir a los vampiros energéticos, participaba en un negocio con un hombre que resultó ser uno de los psicópatas más inteligentes con los que me haya topado. Trataba nuestra relación empresarial de forma muy poco profesional. De hecho, me sometía a un bombardeo amoroso. Me decía lo especial que era. Lo increíblemente cualificada y hermosa. Lo afortunado que sería cualquier hombre de casarse conmigo. Ya te haces una idea. No me sentía especialmente atraída por él, pero en aquel momento, recibir todos aquellos regalos y poemas de amor era embriagador. El caso era que actuaba como una especie de trilero con nuestra relación, cambiando siempre el contrato entre nosotros. Y nunca obtuve una respuesta directa sobre nuestro acuerdo. Necesitaba una forma de establecer algunos límites y lograr que ese hombre se ciñera a los negocios.

Al mismo tiempo que tenía esta relación empresarial estaba también asistiendo a la consulta de una psicóloga, que me enseñó una técnica que llevaba años usando, una técnica que funcionaba especialmente bien con personas con trastorno límite de la personalidad. Simplemente, finges una enfermedad o una urgencia familiar. Dicho de otro modo, le das la vuelta a la tortilla. Ahora eres *tú* el pájaro con el ala rota; eres tú quien tiene la necesidad, no ellas. Cuando lo haces, se evaporan como la niebla bajo el sol caliente.

Esto también funciona con las citas por Internet, un lugar plagado de vampiros energéticos. Una táctica habitual que emplean los vampiros es empezar con una herida como «Soy viudo», «Acabo de divorciarme y mi ex no me deja ver a los niños», etcétera. Si esto sucede, deberías recelar. Confía entonces en tu intuición. Si parte de ti tiene miedo en algún sentido, usa el «ala rota» y observa lo rápido que interrumpen toda comunicación.

Miligramos de amor

Todo lo que hemos comentado sobre los límites hasta este momento ha tratado sobre evitar situaciones poco importantes de tu vida. ¿Qué sucede, pues, con las importantes? ¿Cómo puedes establecer límites en un matrimonio del que no puedes liberarte? ¿Y qué hay de tu madre? ¿O de tu hermana? Es aquí donde las cosas se complican un poco.

El doctor Mario Martínez enseña que el amor es tóxico para una persona tóxica. Y que sólo hay cierta cantidad de miligramos de amor que una persona tóxica puede aguantar antes de volverse mezquina o desagradable. Sabes cuándo ha alcanzado su dosis máxima cuando empieza a criticarte o a ser negativa. Te pondré un ejemplo. Vas a visitar a tu madre. No la has visto en cierto tiempo y estás feliz de verla, esperando que esta vez la visita sea más positiva. Y todo va bien durante unos treinta minutos. Después, empieza a criticar tu peinado, tu carrera, tus hijos. Ya te haces una idea. Cuando llega este momento, tienes que marcharte. Tienes que aprender que no está en tus manos hacerla feliz o animarla cuando se pone negativa. En lugar de eso, tienes que irte o, como mínimo, cerrar la puerta e irte a otra habitación. Puedes decir: «Veo que has empezado a criticarme. Así que me voy». No cometas el error de reaccionar emocionalmente. No llores, no supliques, no esperes que valide tus sentimientos. Limítate a irte. Es así de sencillo.

Y ésta es la parte que tienes que dominar: tienes que aprender a no tener inconveniente en que no les guste que establezcas un límite saludable. A ningún vampiro le gusta que le reprochen sus tácticas. Has visto películas y leído libros sobre vampiros, ¿verdad? No soportan estar fuera, a la luz del sol. Cuando estableces un límite saludable y lo mantienes, estás alumbrando con luz al vampiro. Y él se refugiará en la oscuridad. También tienes que aprender a no tener inconveniente en que entonces te critique y trate de involucrar a otros miembros de la familia e intente ponerlos en tu contra. No cometas el error de pensar que puedes defenderte de ello. No puedes. Márchate. No intentes exponer tus razones. Al final te juzgarán por tu conducta, no por tus palabras. Marcharse es algo muy poderoso.

Otra táctica para seguir en contacto con los vampiros sin que te succionen demasiada energía incluye elegir cuidadosamente actividades que podéis hacer juntos. Averigua qué clase de cosas funcionan mejor con tu vampiro y cuál sería el momento ideal de hacerlas. Tengo una amiga cuyo padre es un auténtico vampiro. Comparten una pasión mutua por el teatro, el arte y los museos, así que ha descubierto que ir con él por la tarde o por la noche al cine o al teatro, y también a cenar, es ideal. Ambos se lo pasan bien, y no se ve envuelta en sus dramas ni en un intento inútil de hacerlo feliz.

Aprendió hace mucho tiempo que pasar la noche en casa de su padre, con su esposa actual y su hijo en común, no funciona. Siempre acaba agotada y con lágrimas en los ojos. Ahora es más juiciosa.

El último consejo para establecer límites con personas con quienes tienes que interactuar es, simplemente, ser lo más aburrido y carente de energía que puedas. Es lo que se conoce como «roca gris». Funciona tal como suena: actúa como una roca gris. Responde las preguntas con un «Sí» o un «No». Limita el contacto todo lo humanamente posible. Recuerda que lo único que quieren los vampiros es el suministro narcisista, así que el método de la roca gris les cerrará el grifo.

EL ÍNTERIN

Cuando llegas a ser un experto en identificar a los vampiros energéticos y empiezas a establecer límites, pasas a lo que yo denomino el ínterin. Es decir, el tiempo que pasa entre que te informas sobre los vampiros y que cortas totalmente con ellos. Durante este tiempo, es probable que te sientas solo y triste por varios motivos. El primero es porque, aunque has dejado de dar tu energía a los vampiros, todavía no has llegado al punto en que has atraído a un nuevo y cordial grupo de amigos que no son vampiros. Cuando todavía tienes una relación con un vampiro, aunque esa relación vaya tendiendo lentamente a cero, es muy probable que seas invisible o poco atractiva para las personas que detectan a los vampiros a un kilómetro de distancia. Tampoco estarás disponible para una relación consciente y de igual a igual con nadie. Como uno de mis amigos, que es un alma vieja empática, me confesó hace poco: «Solía ser tan simpático y supercomplaciente que era prácticamente invisible para las personas verdaderamente sanas. Aunque, si soy sincero, es probable que yo tampoco me hubiera interesado por ellas, dado que mi autoestima estaba totalmente dominada por lo mucho que podía ayudar a los demás a resolver sus problemas».

Otra cosa que aumenta tu soledad y tu tristeza es que puedes encontrarte con que tu círculo íntimo de amigos se reduzca a apenas un puñado. Puede que incluso a tan sólo uno o dos. Suelo bromear con que, después de haber dejado a mis «enamigos» y otros aspectos de la Oscuridad, podía contar la cantidad de amigos con quienes interactuaba regularmente con la mitad de los dedos de una mano.

La razón final por la que puedes sentirte triste en el ínterin es que vas a empezar a sentir algunas cosas que es probable que no hayas sentido desde hace años, puede que desde los primeros años de tu vida, cuando seguramente empezaste a complacer a los vampiros energéticos como forma de encajar y ser aceptada en tu familia o grupo. A lo largo de los años te has esforzado por sofocar las emociones dolorosas que provocó el hecho de ser avergonzada, abandonada o traicionada por tu familia y amigos. Una vez empiezas a concentrarte en ti, estas emociones afloran, y a veces te abruman.

De modo que esto es lo que tienes que hacer. Tienes que sentir lo triste que estás. Pero, por favor, recuerda no fustigarte por ello. Has llegado a lo más profundo de ese niño herido, que necesita más amor, no menos. Imagina un precioso bebé de dos años y trátate con el mismo cariño y dulzura.

Por favor, date cuenta de que, al dedicar tu tiempo y tu energía a dar los pasos necesarios para protegerte y empoderarte, estás realizando un cambio asombroso. Tus esfuerzos *merecerán la pena*, y muy pronto llegará a tu vida un grupo totalmente nuevo de personas sanas que te apoyan. Así que no te preocupes demasiado por el ínterin. Pasará. Sólo tienes que seguir concentrándote en sanarte.

7

Sana el trauma causado por tu vampiro

Ahora que has puesto (esperemos) algo de distancia entre tú y el vampiro energético que te ha estado succionando energía, ha llegado el momento de empezar a sanar porque, no, el mero hecho de dejar una relación que te consume no hará que todo esté bien.

De hecho, la mayoría de personas que deja estas relaciones experimenta una gran cantidad de pena y de remordimiento. Se preguntan: *¿Cómo diantres me he dejado embaucar tanto tiempo?* Es normal. Recuerda que muy pocas personas conocían las dinámicas que intervienen en las relaciones de los vampiros con las personas empáticas hasta hace muy poco. ¡Hasta en el popular musical *Carrusel* la protagonista se pone poética sobre su amor por el pregonero de feria que le pega! Toda nuestra cultura lleva años permitiendo estos personajes, así que no te fustigues. Ahora el objetivo es avanzar. Sanar.

Tienes que aprender a enfrentarte al vacío, ese vacío interior que has estado llenando intentando salvar al vampiro y proporcionarle tu amor, tu atención, etc. Tienes que estar dispuesta a vivir con tus emociones y tu pena el tiempo suficiente para sanarlas. Si no abordas estas emociones, es probable que inicies otra relación que te dañe exactamente igual. Así que empecemos.

CONFÍA EN TI MISMA

Una de las primeras cosas que tienes que empezar a hacer es aprender a volver a confiar en ti misma. Que te mientan, manipulen, avergüencen y hagan creer que estás loca durante años puede pasar factura a esta capacidad, así como a tu capacidad de pensar con claridad.

El trabajo de Sandra Brown ha demostrado que muchas mujeres que han tenido relaciones con vampiros desarrollan lo que se denomina disonancia cognoscitiva. Como durante años les han estado dando gato por liebre, no pueden pensar con claridad. Literalmente. Los vampiros expertos siempre se presentan a sí mismos como las víctimas. Y terminamos pareciendo los malos de la película. Mi amiga Carol, que tiene un doctorado y puso fin hace poco a un matrimonio de casi dos décadas con un vampiro energético, solía enviarme mensajes de texto o de voz cuando tenía la sensación de que estaba loca. Me contaba la situación y lo que estaba pasando. Como su marido le había generado tanta falta de confianza en sí misma durante tantos años y había usado sus tácticas para confundirla, necesitaba saber que no estaba loca. Cada vez que llamaba, yo le explicaba la táctica que él estaba usando. Pero, sobre todo, le aseguraba que no estaba loca. Y que sus impresiones sobre la situación eran acertadas.

Muchas personas que tienen este tipo de relaciones; sin embargo, no disponen de un «verificador de la realidad» a su lado. A menudo, están tan concentradas en el vampiro que no recurren a las personas que pueden ayudarlas a mantenerse centradas. Evidentemente, una persona se puede recuperar de esto, pero exige esfuerzo. Cuando has estado años sometida a las tácticas manipuladoras de un vampiro energético, empiezas a dudar de lo que sabes.

Existen muchas formas de ganar confianza en uno mismo, pero algunas de las que me parecen más eficaces son:

Infórmate: Aunque los vampiros existen desde hace siglos —familias, ciudades, empresas y hasta países enteros manipuladores—, solo en los últimos 25 años el campo de la salud mental ha podido diagnosticar a estos individuos y la forma en que actúan. Cuanto más te informes sobre los vampiros, en concreto sobre el trastorno narcisista de la personalidad, más fácil te será reconocerlos. Esto te ayudará muchísimo a recuperarte, porque informarte sobre este tema es increíblemente validante; te hace ver que tus impresiones sobre la persona eran correctas y que el problema no está en ti.

Internet está lleno de información excelente sobre personas con trastornos de carácter y cómo actúan. Melanie Tonia Evans tiene un canal regular en YouTube llamado ThriverTV. Asimismo, el doctor George Simon tiene muchas entrevistas estupendas en YouTube. Si buscas «trastorno narcisista de la personalidad» o «abuso narcisista» en Google, te sorprenderá la cantidad de recursos en línea que encontrarás. Lee y mira a distintas personas comentando estos temas. Una vez más, todo se basa en la validación, que te ayudará a ganar confianza en ti misma. Una buena ventaja de consultar esta información es que, además, obtendrás muchos consejos sobre otras formas de sanar.

Busca un verificador de la realidad: Igual que Carol me tenía a mí como verificadora de la realidad durante su matrimonio (y todavía me tiene ahora), tú necesitas a alguien lúcido y de confianza con quien puedas ponerte en contacto cuando tengas dudas sobre alguna situación. Es muy importante que tengas por lo menos a otra persona que pueda ver la situación con claridad. A menudo será un buen amigo que te conoce bien y que no se deja engañar por tu vampiro.

Trabaja tu intuición: Una de las ventajas de ser una persona empática es que, de hecho, somos muy intuitivas. Nuestra intuición nos indica lo que realmente está pasando en la mayoría de situaciones, pero, tras estar años con un vampiro energético, hemos perdido la capacidad de creer en lo que sentimos. Ahora bien, si nuestra primera reacción a alguien o a alguna situación es de rabia, por ejemplo, tenemos que fiarnos de eso. Recuerda que la rabia es, simplemente, un indicio de que no se está satisfaciendo una necesidad. Cuando empieces a sanar, puedes hacer algo para demostrarte a ti misma lo precisos que son estos sentimientos. Empieza a prestar atención a lo que te dice tu intuición y sigue ese sentimiento. Pero no sólo eso. Observa si la persona o la situación que decidiste evitar (o a la que decidiste acercarte) termina de la forma que esperabas. Anota estas cosas. Lleva un diario de corazonadas. Muy pronto verás que tu intuición es un indicador muy bueno de la verdadera energía de cada situación.

Date palmaditas en la espalda, regularmente: Siempre que veas que has hecho algo bien, date palmaditas en la espalda: «He doblado muy bien la colada. Me encanta cómo ha quedado. [Palmadita en la espalda]». O, acaso: «Hoy pasé 15 minutos meditando. Me encanta haberme dedicado tiempo a mí misma para hacerlo. [Palmadita en la espalda]». «Hoy sonreí a un desconocido en el metro, y tuvimos un momento de auténtica conexión humana: me encantó. [Palmadita en la espalda].» «Hoy mastiqué estupendamente la comida y me encantó su sabor. Me alimento de maravilla. [Palmadita en la espalda].»

Esta palmadita puede ser real o imaginaria; lo importante es que estás reconociendo lo bueno que hay en ti y reforzando tu autoestima.

El proceso de aprender a volver a confiar en ti misma no es rápido. Es probable que hayas estado años en los que alguien te ha privado de ello, y no puedes esperar recuperarlo sin más. De modo que date mucho tiempo y apoyo para recuperar tu capacidad de pensar con claridad.

CORTA TOTALMENTE CON EL VAMPIRO

Sé que puede resultarte difícil oírlo porque tienes mucha tendencia a preocuparte por los demás, pero tienes que dejar de preocuparte por el bienestar del vampiro. Aunque puedes haber establecido límites físicos, como no ver al vampiro, no aceptar sus llamadas, no interactuar con él, etcétera, también necesitas límites emocionales. Ya te imagino diciendo: «¿Y qué pasa con fulano? También es un ser humano, ¿sabes? Si una de cada cinco personas es un vampiro, ¿quién en el mundo cuidará de él?» Tengo una noticia que darte, cielo: los vampiros siempre consiguen los cuidados que necesitan. Puedes estar segura. Jamás he visto a un solo vampiro «pasar penurias». Vuelven a casarse en un tiempo récord. O encuentran a otra persona que cuide de ellos. La única persona que resulta herida en este proceso es alguien como tú. Así que deja de dar al vampiro tu sangre vital. ¿Entendido? Y recuerda esto: si estás leyendo este libro, significa que la lección de vida sobre la autoestima y el autocuidado que necesitabas aprender después de que un vampiro succionara tu sangre vital ya terminó. Habrá, por desgracia, centenares de personas que no han aprendido esta lección, y que sinceramente no están preparadas para ello. Ellas seguirán cuidando de los vampiros.

CONSIGUE APOYO

Cuando finalmente «entendemos» el asunto de los vampiros e iniciamos nuestra recuperación, necesitamos desesperadamente apoyo, y no sólo de nuestro amigo «verificador de la realidad». La ayuda de un psicoterapeuta especializado en abuso narcisista es valiosísima en estas situaciones. Lamentablemente, como el campo de la salud mental y la psicoterapia no ha reconocido la existencia de vampiros energéticos hasta hace unos 25 años, se ha hecho un enorme daño a quienes buscan la ayuda de los terapeutas tradicionales que no conocen la dinámica de los vampiros. El doctor George Simon Jr., publicó *In Sheep's Clothing* en 1996. Por aquel entonces, casi nadie en el campo de la salud mental conocía los trastornos de carácter. Simon lleva más de 25 años ofreciendo talleres y enseñando a terapeutas, pero cuando empezó, los terapeutas se marchaban a menudo del aula mientras enseñaba. No creían lo que estaba diciendo. Iba en contra de su formación y de sus creencias.

Aunque se está haciendo la luz, todavía hay demasiados terapeutas y profesionales de la salud mental que desconocen cómo funcionan las relaciones narcisista-empático y qué es necesario para sanar de ellas. Si no lograste cortar totalmente la relación con tu vampiro y has decidido hacer terapia de pareja, todavía es más importante encontrar un terapeuta que sepa cómo lidiar con individuos con trastornos de carácter. Si no, puede sucumbir a las tácticas manipuladoras del vampiro y perjudicar tu recuperación. He oído demasiadas historias sobre mujeres avergonzadas en la terapia porque el terapeuta se había dejado engañar por el elocuente y encantador narcisista. Por eso es vital que consigas la clase adecuada de ayuda. La terapia es inútil en el mejor de los casos, y perjudicial en el peor, a no ser que el terapeuta sepa exactamente cómo lidiar con trastornos de carácter, lo que incluye identificar y afrontar su conducta como primer paso.

Para encontrar un terapeuta especializado en sanar a personas que han tenido una relación con un vampiro energético, busca a alguien que conozca los trastornos de carácter. Pregúntale, a bocajarro, qué sabe sobre el trastorno narcisista de la personalidad o sobre el trastorno límite de la personalidad (*borderline*). Si la pregunta lo desconcierta, búscate otro.

Sandra Brown empezó su trabajo con psicópatas hace unos 25 años y ha estado investigando los tipos de mujeres que se sienten atraídas por ellos. Ofrece retiros excelentes para mujeres que se están recuperando del abuso narcisista. He incluido información sobre ellos, y de varios recursos más para la recuperación, en el apartado «Recursos» al final de este libro (página 201).

Además de la ayuda de un terapeuta es fundamental encontrar otras personas que hayan estado donde tú estás. En general, la cultura no conoce el abuso narcisista. Por eso los retiros que ofrece Sandra son tan estupendos: logras sanarte con otras mujeres que se están sanando de situaciones parecidas. Sin embargo, si te resulta imposible ir a uno de estos retiros, puedes incorporarte a un grupo en línea. Melanie Tonia Evans dirige un programa virtual para la recuperación del abuso narcisista que incluye un grupo privado de Facebook. En él han conseguido ayuda personas de todo el mundo. Una vez más, consulta los recursos de la página 201 para obtener más información.

Ten cuidado con cualquier grupo al que te incorpores. No querrás incorporarte a un grupo cuyos miembros se limiten a quejarse, un grupo en que el «apoyo» adopte exclusivamente la forma de consolar y reforzar el carácter de víctima de la gente. En grupos así, la gente no hace progresos. Se queda atrapada en el dolor de la relación. O haciendo recuento de su situación con el vampiro. Una y otra vez. Lo que tú buscas es libertad, salud y alegría. Quieres dejar de participar en el drama de la danza vampiro – personas empáticas, y nunca recordarás quién eres realmente si te sigues identificando como una víctima que carece de poder.

Si no consigues dar con un grupo de recuperación del abuso narcisista en el que te sientas cómodo, puedes probar en Al-Anon o CoDA (Codependientes Anónimos). Aunque Al-Anon está destinado específicamente a personas que tienen una relación con un alcohólico, la dinámica de vivir con una persona alcohólica es parecida a la de vivir con un vampiro. Tienen una conducta que desearías poder cambiar, aunque no puedes. Pero te concentras demasiado en cambiarlos para poder sentirte mejor contigo mismo. Lo fundamental es que no tienes ningún poder sobre su conducta. (Ésta es la base del primer paso del programa de doce pasos: «Admitimos que no tenemos ningún poder sobre... Llena el espacio en blanco.») CoDA es para personas que han experimentado una codependencia compulsiva en sus relaciones y que están intentando sanar y establecer relaciones saludables. Sandra Brown señala con razón que las mujeres con superrasgos no son codependientes en absoluto, ni tampoco son adictas a las relaciones. Simplemente, su luz, su bondad y sus superrasgos son malinterpretados. Y así, a estas mujeres (y a estos hombres) se les califica y se les diagnostica mal sin cesar. Y hasta ahora, no han sido aceptados mayoritariamente como los superhumanos que pueden ser. De ahí que pueda parecerte que las reuniones de doce pasos no acaban de «dar en el clavo». Las personas con superrasgos están literalmente «ciegas» a la oscuridad de los vampiros. Aun así, estas reuniones pueden serte útiles. Su calidad varía, de modo que puede que tengas que probar en varios grupos distintos hasta encontrar un grupo Al-Anon o CoDA que te entusiasme. Recuerda que esto no va del alcohólico o del vampiro. Va de ti. La razón de que los programas de doce pasos sean tan útiles es que, muy a menudo, las personas empáticas se vuelven adictas a sus compañeros vampiros. Estás lidiando con muchos de los mismos problemas de las personas que asisten a estas reuniones. Otra ventaja: estas reuniones son gratuitas, y se celebran en todo el mundo.

LIMPIA LA ENERGÍA VIEJA

Otro aspecto importante a la hora de dejar atrás el trauma de una relación con un vampiro es concentrarse en limpiar la energía vieja estancada que originan las emociones no expresadas. Las personas empáticas solemos sentirnos más cómodas realizando actividades del tipo «amor y luz», como intentar prematuramente perdonar y enviar amor a los vampiros de nuestras vidas. Pero no debes hacerlo. Retrasará tu sanación. Primero tienes que sentirte todo lo mal que te estás sintiendo y sacar de tu cuerpo las emociones de rabia y dolor. Para ello, debes sentirlas totalmente y expresarlas de un modo seguro.

Una de las personas que llamó a mi programa de radio lo hizo un mes después de haber acabado de divorciarse de un vampiro que la había dejado sin dinero. Este hombre era un directivo con mucho éxito y un «pilar de la comunidad» que, según dijo la oyente, estaba especializado en manipular encubiertamente. Finalmente, tras casi veinte años de matrimonio, había reunido el valor para divorciarse de él. Llamaba para decirme lo útil que le había sido mi programa con el doctor George Simon. Y empezó a contarme que estaba trabajando con un sanador espiritual que le encantaba. Lamentablemente, todavía sufría regularmente espasmos esofágicos, un trastorno gastrointestinal que le había aparecido unos años antes, cuando había empezado a abrir los ojos sobre el carácter de su marido. También sentía a menudo un nudo en el estómago en otros momentos, aunque los espasmos esofágicos eran algo diferente. Aunque había tenido un contacto mínimo con su vampiro, supe que éste todavía tenía sus «ganchos» en ella. Así que le expliqué paso por paso un proceso de eliminación de huellas, que te enseñaré a continuación, y que yo aprendí del difunto Peter Calhoun, un expastor episcopal convertido en chamán. Parte de ese proceso implica identificar en qué parte de tu cuerpo notas la energía estancada y en imaginarte entonces que el vampiro está sentado justo delante de ti de modo que puedes compartir tus verdaderas emociones con él. Cuando se lo expliqué, le indiqué que le cantara las cuarenta y la animé a decirle en voz alta (con fines médicos): «Jerry, c*brón, te perdono por todo el daño y sufrimiento que me has causado. Y te envío camino de tu sanación». La palabrota era absolutamente necesaria para sacar la energía estancada de su cuerpo. Y la sensación en la boca del estómago desapareció después de eso. Y no tengo ninguna duda de que sus espasmos esofágicos también van camino de sanarse.

Proceso de eliminación de huellas

El difunto Peter Calhoun desarrolló este proceso para ayudar a las personas a eliminar las huellas de energía negativa de su cuerpo. He descubierto que este proceso es valiosísimo para llegar a la raíz del problema y solucionarlo. Lo mejor es que lo hagan dos personas. Llamaremos a una el sanador y a la otra el sujeto.

1. El sujeto, cuya huella va a eliminarse, se sienta en una silla a cuyo alrededor hay espacio para que pueda moverse el sanador.

2. El sanador pide al sujeto que identifique en qué lugar del cuerpo está sintiendo la energía estancada. Suele ser la garganta, el corazón o el plexo solar.

3. El sanador «prepara» entonces el campo curativo como sigue.

   Dice: «Con la espada azul cobalto de luz del Arcángel Miguel, corto ahora todos los cordones energéticos a [nombre del sujeto]». El sanador se imagina entonces, literalmente, cortando cordones energéticos alrededor del cuerpo del sujeto con una espada. Si el sanador es intuitivo o puede percibir la energía, es posible que vea o perciba espadas, cuchillos, cuerdas u otros objetos que haya que cortar o eliminar energéticamente del cuerpo del sujeto. Sigue adelante y córtalos o elimínalos. El mero hecho de intentarlo suele servir. Pero es divertido jugar con la espada del Arcángel Miguel.

   Ahora el «campo» está limpio, y el sujeto está preparado para la eliminación de la huella.

4. El sujeto imagina que tiene a su vampiro sentado delante y siente en su cuerpo la sensación que está asociada con el vampiro. (Por cierto, el vampiro puede ser alguien del pasado e incluso alguien que ha fallecido. Las huellas permanecen hasta que se limpian.)

5. Ahora el sanador anima al sujeto a decir al vampiro cómo se siente exactamente. Las palabras que usa son: «[Pon el nombre del vampiro]... te perdono por [llena el espacio en blanco], y te envío camino de la sanación».

Cuanto más fuerte se expresen el lenguaje y la emoción, más deprisa se eliminará la huella. Ejemplo: «Mabel, maldita arpía, te perdono por acostarte con mi mejor amigo y traicionar totalmente mi confianza, y te envío camino de tu sanación». O: «Sam, te perdono por dejarme por otra mujer. Y abandonarme sin apoyo económico para nuestros hijos. Eres un gilipollas, y te envío camino de tu sanación». Sigue en estos términos mientras la energía sea fuerte. Normalmente basta con un par de frases rotundas.

El sujeto no tiene que insistir. No se trata de una sesión de terapia. Está pensada para sacar la energía del cuerpo.

En las eliminaciones de huellas tienes que cantar las cuarenta al vampiro. Lo más fuerte posible. Con términos nada ambiguos. Ser «amable» o «políticamente correcto» impide obtener resultados.

Sabes cuándo el sujeto ha identificado la huella en su cuerpo porque empieza a emocionarse de verdad, ya sea poniéndose triste o enfadándose. Recuerda que la frase es «Gail (o quien sea), te perdono por [llena el espacio en blanco], y te envío camino de tu sanación». Ya no quieres aferrarte más a esta energía. Eso es TODO.

Una vez el sujeto ha cantado las cuarenta al vampiro, y lo ha enviado camino de su sanación, la siguiente frase es:

«Y me perdono a mí misma (o mí mismo) por [llena el espacio en blanco].» Por ejemplo: «Me perdono a mí misma por seguir tanto tiempo contigo cuando en el fondo sabía que tendría que haberme ido mucho antes».

Por lo general, es al perdonarse a sí mismo cuando el sujeto reconoce su parte de la interacción. Y muy a menudo éste es el momento en que tiene lugar la mayor parte de la sanación y la eliminación.

Ahora, el sanador dice al sujeto: «¿Estás a punto para transmutar este patrón en la llama violeta?»

Si el sujeto cree que ha terminado de decir lo que era necesario, dirá SÍ.

En este momento, el sanador recuerda al sujeto que diga: «Ahora transmuto esta patrón en la llama violeta».

El sanador imagina que el sujeto está sentado en una llama violeta, que está consumiendo toda la vieja energía.

El sanador pide al sujeto que le haga saber cuándo la sensación que tenía (presión en el pecho, nudo en la garganta, etc.) ha desaparecido. Así sabes que la huella ha sido eliminada. A veces es preciso más de un intento. (Nota: la llama violeta es una energía sanadora no física a la que pueden acceder todos los seres humanos. Si quieres más información, busca en Google «llama violeta». Te sorprenderá lo mucho que averiguarás.)

Cuando la huella se ha consumido, tienes que «envolver» las áreas de eliminación para sellarlas. Hay que hacerlo con luz dorada y azul de medianoche. De modo que el sanador dice, literalmente: «Ahora estoy envolviendo las áreas de eliminación con luz dorada y azul de medianoche». Imagina literalmente que usas tus manos para envolver las áreas de liberación de energía con esta luz.

Anima al sujeto a descansar. Este proceso es una verdadera cirugía psíquica. Y es poderosa. Es importante descansar después. He hecho que muchas personas estén unas horas echando un sueñecito después de una eliminación de huellas. Así que prepárate para hacerlo. Y no hagas la eliminación hasta que el sujeto pueda descansar después.

Una cosa más: muy a menudo, la eliminación de una huella hará aflorar otra, más profunda. Si eso ocurre, no sufras en silencio. Es muy importante hacer una eliminación de huellas en la siguiente capa lo antes posible. Es así como sanamos, ¡por capas!

8

Un proceso de sanación
más profundo

Sanar los efectos directos de tu relación con un vampiro es una parte importante de tus progresos; sin embargo, también tienes que abordar las heridas más profundas —las que soportas desde la infancia—, porque éstas son las cosas que te hacen vulnerable a los vampiros para empezar. Así que ha llegado el momento de una sanación emocional más profunda, lo que es también el primer paso para una profunda curación física.

ENCUENTRA TU AMOR PROPIO
Y TU AUTOESTIMA

La mayoría de personas que ha sufrido abuso narcisista tiene que trabajar un poco su ego. Mientras que los vampiros energéticos poseen un ego superior y se creen que son mejores que nadie y que el mundo existe para servirlos, las personas empáticas tienen lo que el maestro espiritual Matt Kahn denomina un ego «inferior». El ego inferior tiene que dudar de sí mismo para seguir vivo. Este problema es exactamente el contrario de lo que en general consideramos creerse el centro del universo, pero aun así es una cuestión de ego. Los egos inferiores nos alimentamos fustigándonos por nuestras carencias y buscando cosas que hay que mejorar. Como sabes, las personas empáticas hemos tenido infancias que nos llevan por el camino de la inferioridad, y en el caso de las almas viejas empáticas, ese camino se inició en otras vidas, lo que significa que solemos nacer sintiendo que no valemos nada. En la juventud de cualquier persona empática las necesidades y las emociones son desatendidas. Sentimos los bloqueos de energía en el corazón de nuestros progenitores y en el corazón de quienes nos rodean. Es algo horrible. Y, como dice Matt Kahn, tomamos la decisión de que, «para gustarles, tenemos que ser como ellos». De modo que rebajamos nuestra vibración para igualarla a su nivel. Hacer cualquier otra cosa nos resulta demasiado horrible.

En una relación narcisista, nuestro ego inferior es alimentado todo el rato, y ésa es uno de las razones por las que seguimos en ella. La necesidad constante que tiene nuestro ego de demostrar valía para poder «estar finalmente a la altura» es la base ideal para que el narcisista nos mantenga luchando por un objetivo que nunca alcanzamos, porque no deja de cambiar las reglas del juego. Da igual si finalmente nuestro peso es el adecuado, tenemos determinado aspecto o ganamos dinero suficiente para hacer feliz a la persona narcisista. Nunca será «suficiente» para ella o para nosotros.

Una de mis pacientes, que se divorció de su atractivo vampiro abogado después de enterarse de que tenía una aventura, admitió que solía mirarlo y decir: «Pero estoy mejor, ¿no?» Se refería a su peso y a su imagen corporal, y recurría a él para validarse, algo que un vampiro jamás hará. Otra de mis pacientes me contó que en el funeral de su suegro, su marido vampiro (de quien después se divorció) la presentó como su *million-dolar baby* particular porque estaba dejándose la piel para pagar todas las facturas y tenerla contenta permitiendo sus fantasías. Creía que eso la ayudaría con su «depresión».

Pero estoy divagando… para argumentar algo: para protegernos de esta vulnerabilidad, tenemos que esforzarnos por invertir nuestro ego inferior. No tenemos que alimentarlo. Pero no podemos hacerlo mentalmente. Sólo puede invertirlo nuestro corazón. Tenemos que darnos cuenta de la ilusión de nuestra falta de valía, una ilusión que sin duda ha sido alimentada y regada durante siglos.

Para sanar tu corazón y deshacerte de la ilusión de que no vales nada, tienes que acceder a tus emociones. En su libro *Cómo mantener relaciones estables y duraderas: las claves para amar y convivir toda la vida*, David Richo presenta a la perfección las cualidades que toda relación necesita para ser sólida y satisfactoria. Llama a estas cosas las cinco A: atención, aprecio, aceptación, afecto y admisión. Si tienes una relación con una persona que te proporciona estas cosas, experimentarás las ventajas sanadoras de la verdadera intimidad. Te sentirás visto, valorado, cuidado y valioso. Estas cinco A alimentarán una sensación sana de tu yo y tu ego, y te ayudarán a desprenderte de esa sensación de falta de valía. Por fortuna, no tienes que esperar a que nadie más te las proporcione. La relación más importante de tu vida es la que tienes contigo mismo. Así que empieza por ahí. Tami Lynn Kent, sanadora y experta en salud femenina, añadió mantras a cada una de las cinco A para hacerlas todavía más potentes:

- Atención: te veo

- Aprecio: te valoro

- Aceptación: te acepto

- Afecto: te quiero

- Admisión: confío en ti

Te sugiero que te los digas a ti misma cada mañana en voz alta mientras te miras a los ojos en el espejo. Notarás un cambio de energía hacia el vigésimo día, o incluso antes. Y en el futuro, puedes juzgar el valor de tus relaciones por si estas cinco A están presentes o ausentes.

Todo forma parte de aprender a amarte más a ti misma e invertir ese ego inferior. En un programa radiofónico que hice con el doctor George Simon, recibimos una llamada de una mujer que había dejado una relación con un vampiro energético y no había tenido contacto con él en un año. Pero afirmó que todavía tenía problemas con su amor propio. El doctor Simon le preguntó cuán a menudo se daba apoyo a sí misma; es decir, lo a menudo que se daba aprecio, aceptación y afecto cuando hacía algo bien. Resultó que hacía mucho tiempo. El doctor Simon señaló que la gente que crece con un progenitor narcisista (y que, por tanto, suele sentirse atraída por los vampiros más adelante) no sabe qué es sentir el apoyo de un brazo que le rodea los hombros para decirle que es valorada y amada. La medicina que sana eso, aparte de una relación reparadora con un terapeuta, un cónyuge o un buen amigo, es la autoaprobación.

RESPETA TU SOMBRA

Invertir el ego inferior es un estupendo punto de partida para sanar nuestros sentimientos de falta de valía, pero es probable que sea necesario hacer muchas más cosas. Tenemos también que aprender a respetar nuestra sombra; esa parte de nosotros que intenta ocultarse para que los demás no sepan cómo somos «realmente». Eso incluye nuestra negatividad, nuestra pena, nuestros celos, nuestra rabia y nuestro dolor. Estas cosas nunca desaparecerán hasta que hayan sido reconocidas. Y respetadas.

Matt Kahn cuenta una historia muy divertida en uno de sus vídeos en YouTube sobre cómo estaba practicando su «Te quiero» (decirse a sí mismo «Te quiero» en voz alta), y una voz se alzó en su cabeza y dijo: «Vete a la m**rda.» Con total claridad. Eso enseñó a Matt la potencia de la sombra. Es la parte de nosotros que es rechazada, culpada e ignorada, incluso cuando, de niños, procedíamos del amor. Es la parte de nosotros que dice: «Bueno, esa chorrada del amor nunca funcionó. Pues eso. No voy a intentarlo otra vez». Es ese niño herido que vive dentro de cada uno de nosotros. Ese niño puede ser simplemente parte de ti o puede dirigir tu vida.

La forma de respetar tu sombra es decir a ese niño interior: «Lo siento, cielo. Siento mucho lo que te pasó». Y decirlo en serio. El camino más rápido hasta la Divinidad interior es cuidar del niño herido interior, que seguirá fastidiándote hasta que dejes de desatenderlo. De hecho, ese niño herido dirigirá tus sistemas endocrino, inmunitario y nervioso central hasta que te detengas para satisfacer sus necesidades y dejes de desatenderlo.

Una parte de respetar tu sombra y cuidar de tu niño interior implica algo de lo que ya hablé anteriormente: alabarte a ti misma cuando metes la pata. Siempre que hagas algo que consideres un error, como derramar algo, tropezar, olvidar una cita, sentirte triste, enfadarte o estar bloqueado, fíjate en ello y felicítate. Es algo tan contraintuitivo que cambiará al instante tu energía. Por ejemplo, acabas de derramar algo en la mesa. Te dices a ti misma: «Vaya, he derramado esa leche de maravilla. Hay que ser un genio para causar tamaño desastre con un pequeño movimiento de la mano». O te despiertas sintiéndote triste y sola. Te dices a ti misma: «Me siento muy triste y sola. Lo estoy BORDANDO. Nadie ha sentido la tristeza y la soledad tan bien como yo las estoy sintiendo ahora».

¿Captas la idea? En realidad, te harás reír a ti misma. Y tu sombra finalmente retrocederá y dejará de dirigir tu vida. ¿Por qué? Porque la has respetado y reconocido. Y has cuidado de ese niño herido interior que jamás recibió la atención que necesitaba.

Mientras tu niño interior esté apesadumbrado o enojado o se sienta solo o indigno de ser amado, tu experiencia exterior en el mundo va a recrear tus heridas. Y mientras ese niño sin sanar esté al mando de tu vida, serás pasto de los vampiros.

En su libro *Repetition: Past Lives, Life, and Rebirth*, la doctora Doris E. Cohen, psicóloga clínica, enseña que no dejamos de repetir patrones de nuestra infancia hasta que hemos dado amor y comprensión a ese niño. A continuación encontrarás una forma rápida de hacerlo que aprendí de Doris. Son los llamados Siete Pasos del Renacimiento. Y puedes usarla cuando un hecho externo te provoque o sientas cualquier tipo de malestar.

- Paso 1: PARA

Visualiza una señal de *stop* mientras dices «para».

- Paso 2: Respira

Respira hondo por la nariz.

Recuerda tener los brazos y las piernas descruzados, con los pies en el suelo. Contén la respiración mientras cuentas hasta cuatro. Espira mientras cuentas hasta cinco, de modo que el tiempo sea mayor que al inspirar. Ten los músculos faciales relajados.

- Paso 3: Reconoce: «¡Ay! Lo hice otra vez»

Afirma que eres la autora de tu historia. «¡Ay! Lo hice otra vez» te ayudará a reconocer tu historia sin juzgarte.

- Paso 4: Elige un número

Toma conciencia del primer número que te venga a la cabeza. Ésta será la edad del niño con quien se encontrará el adulto en el siguiente paso.

- Paso 5: Encuéntrate con el niño

Crea una escena mágica de la naturaleza, como un jardín mágico, en el que te encontrarás con tu yo infantil para ofrecerle amor y consuelo, sin olvidarte de apelar a los Amorosos Ángeles de Luz. Averigua qué está haciendo el niño. Averigua si vendrá a sentarse en tu regazo o te dará un abrazo.

- Paso 6: Sepárate del niño

Asegura al niño que está seguro y a salvo y que es amado. Distánciate entonces de él y déjalo en la seguridad del jardín con los ángeles.

- Paso 7: Regresa al presente como adulto

Di tu nombre, la fecha y tu ubicación para volver a anclarte al presente como tu yo adulto, sintiéndote alerta, como nuevo, reanimado y repuesto.

Tómate tu tiempo al seguir los pasos. Cada uno de ellos es preciso. No te saltes pasos. Están pensados para crear una sanación profunda a lo largo del proceso de encontrarte con tu niño interior, separarte de él/ella y regresar después al presente como adulto.

Recuerda que TIENES QUE desvincularte de tu niño interior cada vez que lo visitas o permanecerás conectado a la energía herida.

Los siguientes 40 días notarás cómo cambia. Está más contento. Si te saltas un día, tendrás que regresar y empezar de nuevo los 40 días. Esto cimenta tu propósito y aumenta enormemente el poder de esta práctica.

A lo largo de los años he hecho repetidamente este ejercicio. Tras los 40 días iniciales, puedes acortar los períodos de tiempo para temas específicos. Por ejemplo, tras ponerme en contacto con un dolor pendiente de cuando tenía 12 años, visité 13 días mi yo de 12 años en el jardín mágico.

En otra ocasión, unos cinco años más o menos después de mi divorcio, fui al jardín mágico y me encontré con mi antigua yo casada, la sané y me separé de ella, junto con la conmoción del divorcio, que en aquel momento me hacía sentir como si alguien me hubiera clavado un cuchillo en el corazón y me hubiera disparado. Cuando hice una sesión con Doris sobre ello, ella me dijo que, energéticamente, la bala seguía ahí y que había que suturar la herida del cuchillo. Lo visualicé todo día a día mientras hacía el ejercicio. Como cirujana, vi que sabía cómo cuidar exactamente de mi corazón sangrante. Al llegar al cuadragésimo día, la «paciente» (mi antigua yo) estaba saltando de alegría. Pero durante esos 40 días, muchas veces se limitaba a dormir profundamente. ¡Casi en coma!

Expliqué esta técnica a una mujer que llamó a mi programa de radio. Llevaba 40 años casada y era cada vez más consciente de que su matrimonio no la apoyaba, pero la razón de su llamada era recibir consejo sobre una dolorosa ciática que le bajaba por la pierna izquierda y que le había empezado un mes antes más o menos. Me contó que había crecido en una granja donde era la única chica. Con cinco hermanos. A los siete años, uno de sus hermanos, que sólo era un año mayor que ella, le había sujetado la pierna izquierda mientras otro chico la violaba. Además, su único «amigo» era un perrito al que quería muchísimo. Un día, también cuando ella tenía siete años, el perro desapareció y descubrió que una segadora le había cortado las patas. Así que perdió a su único amigo. Seguimos juntas el ejercicio del jardín mágico para que pudiera regresar y ocuparse de las necesidades de su niña interior de siete años. Cuando le pregunté si podía convencer a la niña de que se sentara en su regazo, se echó a llorar y dijo: «No estoy segura de conseguir que confíe en mí».

Esta clase de situación es muy habitual. Cuando nos hieren profundamente en la infancia, una parte de nosotros deja de confiar. Y se desconecta de nuestra conciencia. Sin embargo, esta parte inconsciente de nosotros es muy potente. E influye excesivamente en nuestras vidas hasta que le damos la atención, el respeto y el amor que merece. Pero no te preocupes. Con el tiempo —normalmente cada día durante 40 días—, este niño interior empezará a confiar en ti. Y cada visita al jardín mágico será cada vez más satisfactoria y sanadora.

En este caso, mi oyente regresará al jardín mágico día tras día, y cada día convencerá a su niña interior de siete años de que se le acerque para poder amarla. Y cada día, se separará de ella y regresará al presente. A los 40 días de una atención constante, la adulta habrá convencido a la niña de que ahora está a salvo y es amada. Y que la parte adulta posee ahora las aptitudes y los medios para ponerse al volante. La parte infantil puede ceder y confiar. Por fin. Y su vida exterior reflejará este cambio.

SANA VIEJAS HERIDAS

Además de respetar tu sombra, tienes que ver y sanar las heridas de tu pasado, porque éstas son, de hecho, las que crean esa sombra para empezar.

Como personas empáticas, aprendimos pronto que no podíamos ser como éramos realmente. A lo largo de nuestra vida —dado que desconocíamos nuestra naturaleza empática—, nos convertimos en esponjas del dolor no sentido de los demás. Absorbimos cosas que no eran responsabilidad nuestra. E hicimos todo lo que estaba a nuestro alcance para animar a los demás y hacer que se sintieran mejor a fin de poder sentirnos también mejor nosotras. Nos hemos contenido para encajar y evitar las tres heridas arquetípicas que comentaba Mario Martinez: vergüenza, abandono y traición. La ansiedad, la sensibilidad dolorosa y hasta las adicciones son el resultado de negar la realidad de quienes somos para sentirnos amadas y seguras.

Por fortuna, disponemos de una herramienta maravillosa para ayudarnos a averiguar lo que es necesario sanar en nuestra vida. Las personas y las situaciones de nuestro exterior que nos provocan, por ejemplo, haciéndonos sentir culpables o confundiéndonos, nos muestran lo que tiene que pasar en el interior para que no seamos tan vulnerables a nuestras heridas interiorizadas. Por ejemplo, mi amiga Alice me llamó porque sospechaba que tenía a un vampiro energético trabajando para ella en su consulta médica. Esta persona estaba enfadada porque Alice no la dejaba impartir clases en los talleres que forman parte de su negocio, a pesar de que llevaba muy poco en el puesto y de que Alice era la propietaria. Acusaba a Alice de ser «controladora». En el pasado, Alice se habría tomado a pecho esta crítica y habría empezado a dudar de sí misma y de su competencia. Se habría preguntado: «Vaya, ¿será verdad? ¿Soy controladora?»

Pero Alice ya ha pasado por eso —un empleado asumiendo el control y faltándole al respeto— varias veces. Y se dio cuenta de que no tenía nada de lo que avergonzarse ni de lo que preocuparse. De hecho, como persona empática, vio que había estado sintiendo la vergüenza que su empleada *tendría* que haber sentido pero no sentía. A ver, en serio. ¿Qué clase de persona entra a trabajar en un sitio y empieza a poner reparos a todo y a todos, actuando con superioridad y pensando que sabe más que su jefe? ¿Quién empieza a minar una iniciativa desde el comienzo? Un vampiro, claro. Cualquier psiquiatra o auxiliar de psiquiatría astuto te dirá que siempre se sabe cuándo hay una persona que presenta un trastorno límite de la personalidad en el pabellón de psiquiatría. (Y muchas de ellas son muy inteligentes y altamente funcionales.) Los miembros del personal empiezan a pelearse entre sí. Es así como se alimenta este tipo de vampiro. Alice, una experta sanadora, había visto este patrón demasiadas veces en su propia consulta y con la clase de personal que atraía a su negocio. Cuando empezó a aumentar su autoestima y a tomar conciencia del modo en que los vampiros actúan, reconoció cómo se había dejado engañar por estas tácticas. Y cómo su ego inferior las había aceptado. Ya no. Así que ahora, en lugar de sentirse mal, su respuesta fue: «Sí. Ésta es mi empresa y mi material. Por supuesto que quiero controlar cómo son presentados a nuestros clientes». Se acabó.

Observa cuándo empiezas a sentirte insegura de ti misma y en qué situaciones. ¿Cuándo empiezas a dudar de ti misma? ¿Qué clase de crítica se te queda en la cabeza y te arruina el día, sin importar lo que hagas para intentar olvidarla? ¿Qué clase de persona te provoca esto? Tu vida diaria te ofrecerá un flujo constante de información sobre lo que es necesario sanar. Por ejemplo, yo intenté durante muchos años ocultar mis verdaderas creencias sobre la salud, el bienestar y la espiritualidad a mis colegas más convencionales, intentando siempre encajar. Hasta he dejado que me prepararan citas con hombres a quienes respetaba pero a quienes no conocía. Y cuando me decían que iban a echar un vistazo a mi página web antes de conocerme en persona me ponía nerviosa, imaginando que seguramente cancelarían la cita después de ver cómo era yo realmente. Y eso no sólo no pasaba, sino que esos hombres estaban admirados y me mostraban su apoyo. Tremendo. El problema era sólo mío. Y ya está bastante resuelto a estas alturas. Pero me llevó un tiempo. Como a muchas personas empáticas, se me daba muy bien ocultar mi verdadero yo e intentar mejorarme a mí misma mediante la autodisciplina, el trabajo duro y la maestría. Con notas a pie de página para demostrar lo que sabía. Ahora, rara vez atraigo a la clase de vampiros que fueron corrientes durante gran parte de mi vida. Y estoy inmediatamente en contacto con la rabia que pueda sentir cuando se espera que dé algo a cambio de nada.

Todos necesitamos aprender a establecer una conexión con nuestras heridas no sanadas, y a menudo inconscientes, del abandono, la traición, la falta de amor propio, la culpa y la vergüenza. Éstas son las heridas que atraen a los vampiros, como la sangre atrae a los tiburones. Pero no te confundas, los vampiros también se alimentan de nuestros superrasgos: nuestra buena voluntad y generosidad infinitas.

Una vez hayas aprendido a ver tus heridas, tienes que tomar medidas para sanarlas, igual que hizo Alice. El doctor Mario Martinez señala que para cada una de las heridas arquetípicas —abandono, traición y vergüenza— existe el correspondiente campo curativo que aliviará nuestro sufrimiento. Estos campos curativos son energías que se oponen a la energía de la herida. También resultan ser los rasgos del carácter que tenemos en abundancia las personas empáticas. Simplemente, tenemos que reconocerlos en nuestro interior, en lugar de esperar a que nuestras tribus cambien. En cuanto sentimos e identificamos la herida, y atraemos simultáneamente el campo curativo, comenzamos a sanar.

Empecemos por el abandono. El campo curativo para el abandono es el compromiso. ¿Cuántas veces has permanecido en una mala situación, puede que mucho después de que todos los demás se hayan ido? Si eres un sanador o tienes hijos, ¿cuántas noches en blanco has pasado velando a una mascota o a un niño enfermo? Rezando. Siendo una fuerza del bien. Nunca has abandonado tu puesto. Felicítate por ello. Y recuerda conservar estos recuerdos de compromiso frescos en tu memoria y revivirlos si alguna vez te asedia la sensación de abandono. Tu compromiso contigo mismo y tu propia evolución es más que suficiente.

A continuación, el campo curativo para la traición es la lealtad. ¿Cuántas veces has defendido personalmente a un amigo que podía ser víctima de un vampiro energético? ¿O acudido en ayuda de un familiar que te necesitaba? Muchas, ¿verdad? Asimila ese rasgo estelar de carácter. Felicítate y recuérdalo si alguna vez te sientes traicionada. Y nunca vuelvas a traicionarte a ti misma.

Finalmente, examinemos la vergüenza. Cuando te sientes avergonzada, y empiezas a fustigarte por tus defectos reales o imaginados, lo primero que quieres hacer es esconderte. No quieres que nadie lo sepa. Intentas ser perfecta para que nadie averigüe que no eres perfecta. No hay nada más doloroso que la vergüenza.

El campo curativo para la vergüenza es el honor. En cuanto te sientas avergonzada, piensa inmediatamente en algo honorable que hayas hecho. Y si recordar el honor contribuye a cambiar la energía de la vergüenza, realizar entonces un acto honorable puede ser más poderoso. Hasta los pequeños momentos de honor son extraordinarios. Tal vez ayudar a una madre con su bebé en el aeropuerto, o llevar comida a un amigo que acaba de regresar a casa del hospital. Cuando lo hagas, siente el honor de ese acto, y compártelo con una persona de confianza que pueda alabarte y reflejarte ese honor. Eres realmente una buena persona. Recordar lo que tienes de honorable y hablar de ello o, como mínimo, sentirlo hará desaparecer la vergüenza.

El otro elemento sanador para la vergüenza es la luz y el humor. La vergüenza no puede durar en estas situaciones. Así que si quieres librarte de la vergüenza tienes que hablar de ella, y no sólo de las cosas honorables que haces para cambiarla. Tienes que hablar de la vergüenza misma. Recurre a un buen amigo. Recurre a un terapeuta. Recurre a un diario. Sea lo que sea lo que necesites hacer para exponer tu vergüenza a la luz, es un buen primer paso. Después, tienes que darle la vuelta. Casi todas las buenas comedias surgen de hacer esto.

¿A qué me refiero por darle la vuelta a la vergüenza? Me refiero a reparar en ella y aceptarla. Por ejemplo, después de mi divorcio, me sentía avergonzada por no haber sido capaz de hacer que mi matrimonio funcionara. Me culpaba a mí misma. También tenía la sensación de haber arruinado la vida de mis hijas. Además, también había acogido en mi casa a dos gatos del refugio local. Me había convertido, casi de la noche a la mañana, en la típica mujer soltera de mediana edad con gatos. Cuando sentí mi dolor y mi humillación y hablé de ellos, empecé a respetarme, aceptarme y amarme por esos sentimientos. Una parte de eso consistió en experimentar lo universales que eran esos sentimientos para tantas otras personas. Otra parte fue que empecé a darme cuenta de que la sociedad intenta clasificarnos mediante estereotipos. Sí, era realmente una mujer soltera de mediana edad con gatos, pero era mucho más que eso. Poco después de empezar a hablar de esta vergüenza, me reinventé completamente y empecé a proclamar, con orgullo y alegría desde lo alto del escenario, que ¡era una «mujer soltera de mediana edad con gatos»!

Uno de los principales obstáculos con los que se enfrentan las personas empáticas es el hecho de que hemos interiorizado demasiado a menudo la vergüenza, el abandono y la traición de quienes nos rodean. Demasiado a menudo nos fustigamos, nos traicionamos y nos abandonamos a nosotras mismas. Y lo seguimos haciendo hasta que vemos el patrón y recordamos lo honorables, comprometidos y leales que somos en realidad. Tenemos que aprender a deshacernos de esta vergüenza, esta traición y este abandono interiorizados. Y darnos cuenta de que son realmente mentira.

Nunca es demasiado tarde para empezar a darte a ti misma y a tus necesidades el beneficio de la duda. Ha llegado el momento de comprometerte a apoyarte a ti misma y a apoyar tus sueños y los dictados de tu alma. De ahora en adelante.

SANA TUS HERIDAS ANCESTRALES

¿Recuerdas que en el capítulo 2 comentamos que el trauma experimentado por tus antepasados puede incorporarse a tu ADN y, con ello, a tu salud y tus conductas? Bueno, eso es también una herida que hay que sanar, y la forma de sanarla es sumergirse verdaderamente en el dolor y el trauma que experimentaron tus antepasados. Tienes que sentir y expresar su dolor. El difunto maestro espiritual Stephen Levine lo denominaba «el dolor que acaba con el dolor».

Empieza por crear un genograma. Para hacerlo, elabora un esquema de tu familia. Incluye a tus padres, tus hermanos, tus abuelos, tus tíos, tus primos y tus bisabuelos. Averigua todo lo que puedas de cada uno de ellos. ¿Estuvo alguno mentalmente enfermo o ingresado en una institución? ¿Cuáles son los secretos de la familia? ¿Hubo algún mortinato? ¿Algún delincuente convicto? ¿Algún alcohólico? ¿Algún adicto? ¿Hubo algún hijo nacido fuera del matrimonio que fuera criado como hermano de su madre? (Se trataba de una práctica habitual en el pasado, para proteger a una mujer de la vergüenza de un embarazo sin estar casada.) ¿Murió alguien durante el parto? ¿Tuvo algún accidente grave? ¿Fue víctima del Holocausto? Ya te haces una idea. Recuerda que los traumas familiares se incorporan a nuestro ADN y nos son transmitidos a nosotros. Las personas empáticas somos especialmente sensibles a las heridas no sanadas de nuestro árbol genealógico. Y en lugar de transmitirlas ciegamente, es muy útil tratarlas directamente.

Una de mis pacientes, a la que llamaré Samantha, hizo este ejercicio para ver de dónde procedían todos los abusos sexuales en su familia. Su padre había sido pedófilo. Y su madre le había advertido que nunca jugara con ciertas amigas que eran «su tipo». Evidentemente, su madre protegió a ese hombre durante toda la infancia de Samantha, haciendo que fuera un «deber» de Samantha elegir a sus compañeras de juego. Al final, el padre de Samantha fue a la cárcel por su conducta sexual depredadora. Fue declarado culpable de abusar de una niña del barrio. Pero también abusó de la hermana de Samantha. Lamentablemente, la madre de Samantha pagó su fianza y siguió protegiéndolo.

Aunque Samantha reconocía que los depredadores sexuales eran un problema en su familia, de hecho por ambos lados de su familia, creyó que podría proteger a sus hijos casándose con un eminente médico. Tuvieron dos hijas y, a pesar de toda la paranoia sobre evitar a los depredadores, uno de los astutos colegas de su marido acabó abusando sexualmente de una de ellas. Y la otra fue violada a punta de navaja a los 16 años.

Samantha no fue consciente del poder del trauma heredado hasta que vino a verme por primera vez después de sufrir un leve infarto a los 52 años. Al averiguarlo, se decidió a sanar no sólo su cuerpo, sino su vida. Se sintió obligada a crear un genograma para explorar más su historia familiar. Verlo todo expuesto delante de ella la ayudó enormemente a dilucidar el legado. Y también le aportó una gran cantidad de paz y de conclusión al darse cuenta de que lo único que podía hacer con todo aquello era sentirlo y expresar su rabia justificada y su profunda tristeza, su desesperación y su horror, y su dolor y su compasión. Tenía que sentirlo, perdonarlo y liberarlo. Samantha tiene una profunda fe cristiana y una relación muy fuerte con la Virgen María, lo que la ha ayudado mucho en este proceso. Lo creas o no, es ahora una mujer muy feliz y realizada. Y sus hijas se han beneficiado mucho de su claridad y de su paz en sus vidas. Perdonarse a sí misma por no haber protegido a su hermana o a sus hijas fue el mayor factor sanador. Al abordar el dolor, se percató de que cuando era una joven madre carecía de los recursos, del apoyo de su familia o de los conocimientos para evitar los abusos. Aunque es un ejemplo muy dramático de trauma sexual y de conducta depredadora transmitida en las familias, no hay duda de que es revelador.

Lo fundamental es lo siguiente: cuando identificamos algo, a menudo podemos cambiarlo. A nivel energético y global, los esfuerzos de Samantha por sanar eso la ayudaron a detener el patrón. Ninguna de sus hijas tuvo descendencia. Y así, en este caso, ese legado ya no se transmitirá a nadie. Una forma bastante dura de terminar con un patrón y que, sin duda, a nadie nos gustaría repetir.

Por fortuna, hay una forma mucho más fácil: reconocer tu linaje. El bueno, el malo, el desagradable. Recuerdo cuando me enteré de que había alcohólicos en ambas ramas de mi familia, y es muy probable que también narcisismo. Me percaté de que tenía muchas de las características de los nietos adultos de los alcohólicos, como el perfeccionismo, la tendencia a querer complacer a los demás o andar con pies de plomo con las emociones no reconocidas de los demás, características que reflejan las de una persona empática. He hecho mucho trabajo de recuperación en este aspecto. También me he concentrado en sanar mis patrones de compensación excesiva y de amabilidad, que tan manifiestos eran en mi padre. Era experto en limar asperezas, hacer lo correcto y ser optimista y divertido, casi siempre. Gracias a mis esfuerzos por ver claramente estos patrones en mí misma, he eliminado los que resultan demasiado costosos para mi tiempo y mi salud. Digo basta más a menudo. Y me dedico tiempo a mí misma. Este cambio consciente también ha ayudado a otros miembros de mi familia. He podido ayudar no sólo a mis hermanos, sino también a mis sobrinos a abandonar los patrones oscuros transmitidos en el linaje familiar.

Para sanar nuestro pasado, tenemos que ser antes conscientes de cómo funciona la Oscuridad. El primer paso es arrojar luz sobre ella. Y el siguiente paso para limpiar el legado para siempre es perdonarnos después a nosotras mismas y ser incondicionalmente cariñosas, cambiando además nuestra conducta si es preciso.

Sé muy consciente de tu legado y decídete a no repetirlo sin sentido; algo a lo que Carl Jung se refiere como patrones inconscientes no reconocidos que nos llegan como cosa del destino. Yo he hecho todo lo que estaba a mi alcance para cambiar estas cosas no sólo por mi propia salud, sino también para que este patrón no se transmitiera a mis hijas y mis nietos.

TRANSFORMA LA EMPATÍA EN UN SUPERPODER

Una vez aprendemos que no hay nada intrínsecamente malo en nosotros y sabemos vivir con nuestro dolor, cuidar de nuestro niño interior herido y qué hacer para sanar, dejamos de buscar la validación de los demás. Dejamos de intentar complacer a los demás como forma de sentirnos seguros y conectados. Y entonces somos imparables. No porque ya no seamos sensibles, eso nunca desaparece, sino porque finalmente «entendemos» cómo funciona la energía. Recordamos quiénes somos en realidad: los faros del cielo en la tierra. Pero no podemos ser portadores eficaces de luz si siempre dejamos que los demás nos derriben. Esto es una parte de ello. Pero hay otra.

La luz que portamos hace retroceder, literalmente, la Oscuridad. Pero antes de retroceder suele intentar derribarnos. O hacer que dudemos de nosotras mismas y permanezcamos empequeñecidas y seguras. Volvamos a la agente del aeropuerto de LaGuardia. Esa mujer y su compañero distaban mucho de sentir luz, compasión y amor. Y como persona empática, yo noté esa ausencia de luz. Físicamente. Intensamente. El diferencial de energía entre nosotros era enorme. Yo lo noté. Y fijé mi atención en cosas más alentadoras. Sabiendo todo el rato que mi misma presencia podía sanar aquella energía.

De eso se trata. Cuando otra persona está totalmente desconectada de su bienestar y su alegría, eso no tiene nada que ver contigo a ningún nivel. No lo atrajiste tú. No eres responsable de ello. Lo único de lo que eres responsable es de tu propio campo energético. Y cuando aprendas a prestar atención a eso, y sólo a eso, serás libre. Sencillo. No fácil.

9

Las causas de la salud

Hemos tratado una gran cantidad de información sobre sanar el cuerpo emocional, así que vamos a pasar ahora al cuerpo físico. Tanto si estás actualmente viviendo con un vampiro como si no, tienes que saber que puedes hacer muchas cosas físicamente para mejorar tu salud y lograr ser más «inmune a los vampiros», aunque con el tiempo vayas a querer impedir cualquier fuga de energía vital de tu cuerpo hacia el suyo.

Antes de abordar prácticas concretas, como haremos en el capítulo siguiente, quiero recordarte que florecer en un cuerpo físico es mucho más que seguir una dieta perfecta y hacer ejercicio. A lo largo de los años he tratado a muchas personas que seguían dietas casi perfectas, de alimentos ecológicos, y aun así enfermaban. Y aquellas para quienes hacer ejercicio es una religión tampoco son inmunes. Asimismo, a la inversa, todos conocemos gente de 90 años y más que goza de una salud excelente aunque fuma y bebe alcohol a menudo. Y nunca se preocupa por su dieta o por la práctica de ejercicio. Nunca lo hizo. ¿Cuál es, pues, el nexo de unión de todo esto? Cómo usa uno su energía vital. Y lo bien que practica lo que el doctor Mario Martinez denomina «las causas de la salud»:

1. **Cognición elevada:** Tener pensamientos positivos y alentadores, y buscar buenas noticias.

2. **Emociones exaltadas:** Sentir emociones extáticas a menudo; dedicarte a cosas que te aportan alegría, inspiración, deleite, asombro, amor, devoción y placer.

3. **Rabia justificada:** Expresar y obrar de acuerdo con la rabia justificada que resulta del dolor provocado sin consideración por tu inocencia y humanidad o las de otra persona.

Y yo añadiría una cuarta causa a esta lista:

4. **Emociones expresadas:** No reprimir emociones, buenas o malas, hasta el punto en que se manifiesten como una enfermedad en el cuerpo. Si bien este punto es parecido al de la rabia justificada anterior, creo que se aplica a todas las emociones.

COGNICIÓN ELEVADA

La idea de tener pensamientos positivos es muy clara. Seguramente has oído la frase: «Elige el pensamiento que te haga sentir mejor». Parece bastante sencillo, ¿no? Y es sencillo, pero no siempre es fácil. Ahora verás cómo funciona. Imaginemos que has solicitado un empleo que realmente quieres, y te preocupa no conseguirlo. En tu cabeza se arremolinan pensamientos como *Hay muchas personas mucho más cualificadas que yo. O No estuve demasiado hábil al escribir la solicitud. No tengo ninguna posibilidad.* Para elegir el pensamiento que te hace sentir mejor, que es lo difícil, tienes que pillarte a ti misma sumergiéndote en la negatividad y detenerte. Una vez has reconocido la negatividad, puedes sustituir conscientemente ese pensamiento negativo por otro con una vibración más alta. Un ejemplo sería: *Bueno, alguien va a llevarse el empleo. ¿Por qué no voy a ser yo? O Si no consigo este empleo, significa que hay algo mejor para mí.* Y sí, se necesita práctica porque, como ya he mencionado, un 90 por ciento de nuestros pensamientos proceden de nuestra mente subconsciente y de la programación en la infancia o en una vida pasada. Y la inmensa mayoría de esos pensamientos son negativos.

A continuación encontrarás una técnica que podría ayudarte al empezar a cambiar tus patrones de pensamientos. Siéntate ahora mismo y piensa en algo que realmente quieres y anota todos los motivos por los que crees que no puedes tenerlo. Si quieres una relación, puede que pienses *Soy demasiado fea*. O *Estoy demasiado loca*. O *No puedo imaginar que nadie se enamore de mí*. Familiarízate con los patrones de pensamientos que te vienen a la cabeza. Eso es todo lo que tienes que hacer ahora mismo. Empieza a escuchar tu diálogo interior. Toma nota de él. Entiéndelo. Cuanto más consciente sea la atención que le prestas, más probable será que puedas observarlo en el acto. Y entonces serás capaz de detenerlo en seco. Aunque no creas necesariamente lo contrario, puedes discutirlo. Puedes verificar la realidad. ¿Eres realmente demasiado fea para tener una relación? No. No lo eres. Mira a tu alrededor.

También puedes dar al instante un rápido giro radical a estos pensamientos negativos felicitándote y alabándote por tenerlos. Aprendí esto del maestro espiritual Matt Kahn. Es parecido a lo que hicimos en el capítulo 6 cuando nos surgía la culpa y, como en ese caso, funciona de maravilla. Así que imaginemos que te has pillado pensando que eres demasiado fea o demasiado vieja para tener una relación. En lugar de discutir contigo misma o de verificar la realidad, limítate a decir: «¡Vaya! ¡Felicidades! ¡Nadie ha pensado así antes! ¡Lo haces muy bien!» No te fustigas; simplemente, eliges una cognición elevada al instante.

He enseñado esto a menudo en mi programa radiofónico en Hay House cuando la gente cuenta sus miedos sobre su salud, su vida, sus relaciones, sus hijos, etc. Y convierte al instante la negatividad en cognición elevada y en la emoción exaltada del humor. Píllate en medio de un pensamiento negativo. Y felicítate entonces por lo bien que lo estás haciendo. Funciona de maravilla.

En estas técnicas, lo importante es que no te juzgues a ti misma por tener estos pensamientos. Tienes que observarlos y aceptarlos, porque, si simplemente los ignoras, básicamente te estás resistiendo a ellos, fingiendo que no existen. Y aquello a lo que nos resistimos persiste. Cada pensamiento que tenemos está ahí por una razón. Los pensamientos negativos surgen de nuestro yo sombrío, las partes repudiadas de nosotros por las que a menudo nos han juzgado con severidad y que ahora creemos que tenemos que ocultar. Es por ello que muchos de estos pensamientos ni siquiera son del todo conscientes. Cuanto más te fustigues por tener esos pensamientos negativos, más persistirán.

Cada pensamiento que tienes va acompañado de una vibración. Los pensamientos y las palabras que están imbuidos de belleza, compasión, humor e inspiración poseen un efecto mucho más positivo sobre el cuerpo que los pensamientos del peor de los casos como *En mi familia todo el mundo acaba teniendo cáncer. Es sólo cuestión de tiempo que me pase a mí.* O *Todos los hombres buenos están emparejados. Seré soltera el resto de mi vida.*

Ésta es, pues, la primera parte de la cognición elevada, pero cognición elevada significa también buscar buenas noticias. Para hacerlo, elige cuidadosamente la clase de literatura, cine y medios de comunicación que miras, escuchas y lees. Igual que nuestros pensamientos, cada sonido que oímos y cada imagen que vemos tiene una vibración.

Los efectos físicos de las palabras y las imágenes han sido incluso demostrados experimentalmente. Un artículo publicado en la revista *Psychology & Health* en 1988 trataba sobre un estudio sobre este tema realizado por David C. McClelland, de la Universidad de Harvard, y Carol Kirshnit, de la Universidad de Loyola de Chicago. En él, se mostraban dos películas distintas a diversos estudiantes de medicina y se medían los niveles de un anticuerpo conocido como IgA en sus muestras de saliva. Los niveles de IgA en el organismo se corresponden con la fortaleza de nuestro sistema inmunitario: los niveles elevados están asociados con un sistema inmunitario fuerte y los niveles bajos son una señal de una inmunidad debilitada. En el experimento, McClelland quería comprobar si el mero hecho de ver y oír hablar de un tema determinado afectaría a la inmunidad. Una película era de guerra y la otra mostraba a la madre Teresa de Calcuta realizando su labor humanitaria.

Después de ver la destrucción de la guerra, los niveles del sistema inmunitario de los estudiantes cayeron en picado. Y después de ver a la madre Teresa, sus niveles de ese anticuerpo se elevaron, incluidos los de aquellos estudiantes que no tenían creencias espirituales concretas. El cuerpo físico reacciona a lo que es optimista y está asociado con una relación saludable con los demás, cosas que hacen que merezca la pena vivir la vida.

Practica la cognición elevada eligiendo películas o programas de televisión alentadores o divertidos. Elige libros con mensajes alentadores, inspiradores, fascinantes o divertidos. Vuélvete un experto en medios de comunicación y sigue el rastro del dinero en las noticias de los medios de comunicación dominantes. Recuerda que la Oscuridad se alimenta de nuestro miedo y nuestra rabia, así que deja de alimentarla. Eso no significa que escondas la cabeza bajo el ala. Simplemente significa que usas tu poder para elegir las cosas que permites que entren en tu mente, tu espíritu y tu cuerpo. Te conviertes en una fuerza del bien, no en otro peón en la máquina que funciona con la avaricia, el miedo y la impotencia.

EMOCIONES EXALTADAS

En su libro *The Big Leap*, el doctor en psicología Gay Hendricks señala que todos aprendemos un «límite superior» para la cantidad de alegría, placer y felicidad, y otras emociones exaltadas, que tenemos que sentir. Nuestras familias y culturas nos enseñan que existe un límite para la cantidad de alegría que se nos permite experimentar. Sin duda, habrás oído decir a alguien: «Oye, modérate un poco, que te estás pasando» si estás riendo y divirtiéndote. O «Te vas a hacer daño si te das tantas palmaditas en la espalda». O «No te eches flores». Todas estas frases se refieren a que muchos de nosotros, especialmente las personas muy sensibles, aprendemos pronto a fijar un límite a nuestra alegría para que los demás se sientan más cómodos con nosotros. Después de todo, si alguien está enfadado o triste, sabemos instintivamente que nuestra alegría y nuestro placer lo fastidiarán e incomodarán. Con el tiempo interiorizamos la idea de que existe realmente el hecho de «pasarse al divertirse». Y entonces, por desgracia, la única forma en que podemos relajarnos y desenganchar esos circuitos inhibidores del lóbulo frontal de nuestro cerebro tan «aguafiestas» es mediante el consumo de drogas socialmente aceptadas o de alcohol.

Lo cierto es que nacemos con una enorme capacidad de alegría y placer. Si tienes alguna duda, mira a cualquier niño de dos años. Tiempo atrás di un paseo con mi nieta, que tenía entonces 20 meses. Llegamos a un puentecito de madera con una ligera elevación por encima del resto del camino, y se deleitó saltando desde este puentecito al camino. Una y otra vez. Cada vez exclamaba «Preparados, listos...» y saltaba. El simple hecho de ver cómo se deleitaba infundía ánimo y alegría. Recuerdo que hace mucho solía pasármelo bien dando volteretas bajo el agua en el estanque de la finca donde crecí. Pasaba lo que yo llamaba un tiempo atemporal simplemente estando en el agua y disfrutando del sol, del agua y de mi capacidad de moverme. Con el paso de los años, sin embargo, perdí esa capacidad de ensimismarme en el tiempo atemporal y vivir el momento. Por fortuna, he aprendido a volver ahí. Y tú también puedes hacerlo. Es nuestro lugar de origen, al fin y al cabo.

Todos tenemos la capacidad de sentir más alegría y placer. Pero primero tienes que observar cuándo estás, de hecho, sintiendo alegría. Así que empieza por prestar atención para saber cuándo te sientes feliz o alegre. O cuando experimentas algo exaltado. Empieza a buscar expresamente lo que te alegra. Presta atención a la belleza de las flores. ¿Cómo te hace sentir una espléndida jardinera de ventana? ¿Y la música? Para mí, no hay forma más rápida de llegar al alma que escuchar, o interpretar, una hermosa pieza musical. A menudo nos encontramos posponiendo nuestra alegría y nuestro placer hasta «más tarde». Cuando tengamos tiempo. Pero tienes que encontrar tiempo. Porque sentir emociones exaltadas no lleva nada de tiempo. Simplemente, tienes que ser consciente de la alegría y de la belleza que nos rodean.

Te recomiendo que conviertas las emociones exaltadas en una parte habitual de tu día. Crea *playlists* de Spotify que te lleguen al alma y escucha unas cuantas canciones antes de acostarte. A mí me encanta escuchar el canal de Kryon de Lee Carroll en YouTube. También escucho las charlas de Matt Kahn en YouTube. Además, soy una gran fan de las charlas TED Talks. Son siempre inspiradoras y alentadoras.

Otra forma muy práctica de practicar las emociones exaltadas consiste en elaborar una lista de afirmaciones y decirlas en voz alta cuando te levantas por la mañana o cuando te acuestas. No te limites a vocalizarlas. Expresa la afirmación al decirla. Siéntela. Conviértete en un actor oscarizado en tu propia vida. Di en este momento las palabras como si fueran verdad. Eso bastará para atraer hacia ti una vibración más alta. Como dice Michael Beckwith, del Agape International Spiritual Center en Culver City, California: «Las afirmaciones no hacen que algo ocurra. Hacen que algo sea bienvenido». Te pondré un ejemplo: «Soy un ser humano radiante, poderoso, que vive la vida con alegría y placer. Atraigo el bien como un imán». Cuando digas esto y te ocurra algo bueno, fíjate. Te sugiero que hasta lo anotes y tengas el valor de compartir tu buena fortuna o tus buenas sensaciones con alguien que te felicite. Recuerda que una parte de aumentar la autoestima es sentirse digno de celebrar las cosas buenas de tu vida.

Con el tiempo, practicar las emociones exaltadas y la cognición elevada atraerá hacia ti una tribu totalmente nueva de gente con quien compartirás con franqueza lo bueno y que te felicitará y animará, no te rebajará. Como consecuencia de ello, toda tu vida se transformará y no tendrás que atenuar más tu luz para que los demás se sientan más cómodos. Recuerda la frase: «Cuando atenuamos nuestra luz para que los demás se sientan más cómodos, todo el mundo se oscurece». Haz lo contrario. ¡Brilla más todavía!

Un consejo más. Gay Hendricks ideó lo que él denomina el «Mantra Definitivo del Éxito» como un buen punto de partida. Cada mañana, antes de levantarte, di lo siguiente: «Expando mi abundancia, mi éxito y mi amor todos los días al inspirar a quienes me rodean a hacer lo mismo». Este mantra actúa en la mente subconsciente, que no tiene una forma de presionar contra la palabra *expando*. Así que, simplemente, sigue las instrucciones. Cámbialo a tu gusto, incluyendo cualquier cosa que desearías expandir, tal vez tu salud física, tu fortaleza o tu belleza, lo que sea. Al final, ese límite de tus emociones exaltadas se elevará y podrás sentir todavía más. Pero una advertencia: nuestra capacidad de sentir cantidades máximas de alegría está relacionada con nuestra disposición a sentir y a experimentar nuestro dolor emocional. No puedes tener una cosa sin la otra. Abordaré esta cuestión más adelante.

RABIA JUSTIFICADA

¿Recuerdas los monjes de los que hablamos en el capítulo 4? Recurrían a la compasión en lugar de expresar rabia, y contraían diabetes al hacerlo. Es algo parecido a lo que hace una persona empática. En lugar de marcharse o luchar, la persona empática trata de vivir conforme a prácticas espirituales como la bondad afectuosa, la alegría empática (celebrar el éxito de los demás), la compasión (querer acabar con el sufrimiento de todos los seres) y la ecuanimidad (vivir en armonía y tranquilidad). Sin duda, esto parece no sólo razonable, sino también loable. Pero existe el gran problema de que nuestro sistema inmunitario tiene moralidad. No nos permite evitar la rabia justificada cuando nuestra inocencia o la de un ser querido se ve amenazada. La respuesta adecuada en estas situaciones es la rabia, y la acción. Y si no obramos de acuerdo con esta rabia, acabamos agotados, cansados y estresados, con el correspondiente aumento de las hormonas del estrés.

Veamos un ejemplo. Ves que un adulto va a lastimar a tu hijo. Tu respuesta es enojarte con el agresor y evitarle el daño a tu hijo. No dices: «Todos somos iguales». O «Que todos los seres estén libres de sufrimiento». O buscas pretextos para el agresor: «Tuvo una infancia difícil, de modo que entiendo por qué se desquita con mi hijo». No. Hacer cualquiera de estas cosas sería un crimen. En lugar de eso haces lo que haya que hacer para proteger a tu hijo. Y tu cuerpo actúa en consecuencia: te atiborra de las vigorizantes hormonas del estrés necesarias para abordar la situación. Una vez la situación ha sido abordada, esos niveles de hormonas vuelven a la homeostasis.

Para conservar tu salud y tu tranquilidad, tienes que conectar con tu rabia justificada por permitir que te usaran y te maltrataran. En el caso de las relaciones con los vampiros, eso significa que tienes que dejarlas o reducir al mínimo el tiempo pasado con la otra persona. Y tienes que darte cuenta de que ser espiritual y amar incondicionalmente no significa aguantar abusos de ningún tipo. Es así como la doctora Pat Allen, especializada en terapia de pareja y relaciones, lo expresa en su libro *It's a Man's World and a Woman's Universe*: «Si tu pareja no vale un 51 por ciento en total, no puedes seguir con ella y mantenerte sana. Tener una relación tóxica puede ser una señal de amor incondicional, pero también es una señal de que amas a la otra persona más que a ti misma. Eso es una señal de enfermedad mental».

Naturalmente, si has nacido en el seno de una familia o de una cultura en la que se recompensa la abnegación y la generosidad excesiva, y es la única forma en que se han fijado en ti o te han prestado atención, no es realmente una enfermedad mental. Es una estrategia para adaptarse a una situación patológica. Afortunadamente, una vez lo observas en ti, puedes conectar con tu poder interior para cambiar la situación.

Como persona empática y sanadora, a menudo me cuesta creer que ninguna rabia esté justificada. Pero tienes que saber que no sólo está justificada, sino que es totalmente fundamental para tu salud y tu bienestar a largo plazo. Deja que te ponga un ejemplo de mi propia vida.

El pasado verano tuve el placer de ir a visitar la casa de mi infancia. Y como bien sabes, nada te afecta tanto como tu familia más cercana. Cada vez que voy a casa, aprendo mucho sobre mí misma, y sano otra capa. He trabajado mucho para llevar a la conciencia las lecciones que he aprendido en la familia particular que elegí. Y tengo la suerte de tener buena relación con todos los miembros de mi familia. Mi mayor reto ha sido que, como oveja negra de la familia, no encajo en las actividades y los intereses que todos ellos comparten. Como son personas maravillosas a las que quiero y con las que disfruto de verdad, he creído que, de algún modo, había algo que me fallaba, del tipo: *¿Qué me pasa, que soy incapaz de pasármelo bien practicando cuatro deportes al día?* No tengo el cuerpo ni el carácter de un deportista competitivo. Pero eso es lo que mi familia más honra y celebra, especialmente mi madre, que todavía está estupenda. Sabía que esta visita podría ser una oportunidad maravillosa para obtener claridad y más sanación. Después de todo, en este momento ya he demostrado bastante mi valía, ¡y nadie me juzga excepto yo!

Este verano pedí a mi buena amiga Hope Matthews, que ha sido mi profesora de pilates y sanadora mediante el movimiento intuitivo durante 15 años, que me acompañara. Hope conoce muy bien los patrones emocionales que han afectado mi cuerpo físico, muchos de los cuales he mejorado a lo largo de los años, tanto que mi cuerpo funciona mejor ahora que hace veinte años. Por eso, y porque es otra alma vieja empática, Hope era la persona ideal para ser testigo de mis interacciones con mi familia y validar mis reacciones emocionales, especialmente las negativas.

Y efectivamente, se presentó una oportunidad de expresar una verdadera rabia justificada. Mis hermanos, sus mujeres, su sobrina y su marido y mi madre habían planeado cenar todos juntos un sábado por la noche y ver después la película *Tu mejor amigo*. Todos ellos tienen perro y la película es preciosa. El viernes por la noche, mientras disfrutábamos de una divertidísima velada en un restaurante local, organizamos la cena del día siguiente. Mi madre prepararía pollo, mi cuñada haría palomitas de maíz y yo, una ensalada. Comeríamos hacia las seis. Después veríamos la película. Iba a ser maravilloso.

La tarde siguiente, justo antes de las seis, mi hermano mencionó que había un cantante que actuaba en un bar local. Dijo que tal vez podría ir. Después me ayudó a lavar la ensalada. Llegaron las seis. La cena estaba a punto y mi hermano y su mujer (la que había dicho que haría palomitas de maíz) no daban señales de vida. Habían desaparecido. Sin decir ni una palabra.

Mi cuñada me envió un breve vídeo del cantante. Respondí: «Fantástico. Pero ¿no habíamos quedado para cenar y ver una película después?» Después envié un mensaje de texto a mi hermano: «¿Vas a venir?» Me envió un mensaje de vuelta: «Tenía que elegir entre dos cosas que quería hacer. Y elegí quedarme aquí y ver al cantante». Me puse furiosa. Y esto es lo importante. *Sabía* que estaba furiosa. Y sabía que mi rabia estaba totalmente justificada. Tenía un testigo que había estado presente cuando habíamos hecho planes la noche anterior. No creí estar loca. Estaba muy lúcida. Y realmente enfadada. Me permití a mí misma sentir mi rabia en cada célula de mi cuerpo. Sabía que era importante para conservar mi salud. Que aquello era rabia encendida justificada.

Envié otro mensaje de texto a mi hermano ausente: «Puedes hacer lo que quieras. Pero me molesta que no me avisaras..., ni tampoco a nadie más».

Nos sentamos y cenamos sin echar de menos a mi hermano y su mujer. Y yo me senté sabiendo muy bien que no iba a dejar de lado el asunto. Después de cenar, mi hermano me envió un nuevo mensaje de texto: «Tienes razón. Tendría que haberte avisado».

Y con eso, mi rabia se disipó como la niebla. Él se disculpó. Yo me sentí completa. Yo sabía que su mujer había decidido ir a ver al cantante y saltarse la cena. Y que él se sentía atrapado entre los deseos de ella y el resto de nosotros. Cosas normales. Pasan todos los días. Ningún problema. Lo único que tenía que hacer era avisarme. El día siguiente me dio un abrazo y me dijo: «Gracias por comprenderlo». En el pasado, habría pasado directamente a comprenderlo, sofocando mi rabia justificada y trastocando mis hormonas al hacerlo. Esta vez fui más juiciosa.

EMOCIONES EXPRESADAS

Como es probable que sepas, las emociones, como la rabia justificada, no son sólo problemas molestos que hay que superar; son señales de tu cuerpo con respecto a tus necesidades. Si no se tienen en cuenta esas emociones, tanto en su expresión como en los actos hechos debido a ellas, cambian el rumbo de nuestra vida.

Expresar las emociones positivas y obrar de acuerdo con ellas te llevará en la dirección que quieras seguir. Llevarán belleza y apoyo a tu vida. Piensa en ello. Si estás muy agradecido y prestas atención a este sentimiento, sabrás que estás haciendo algo o interactuando con alguien que aporta alegría a tu vida, así que querrás más. Si expresas esa gratitud, especialmente si es a otra persona, provocarás más situaciones como la que inspiró esa gratitud para empezar.

La mayoría de personas empáticas no tienen ningún problema en fijarse en las emociones positivas y en expresarlas; sin embargo, tienen problemas con las emociones negativas. Pero para llevar una vida sana, eso tiene que parar. Las emociones que se quedan sin expresar y sin que obremos de acuerdo con ellas suelen manifestarse como una enfermedad en el cuerpo.

Recuerdo bajar la escalera de casa cuando era adolescente y, si no era el vivo retrato de la felicidad, mi padre me hacía volver arriba y bajar otra vez con paso airoso y una sonrisa en los labios. Aunque enseñar a un niño a modular las emociones en un sentido más positivo no tiene nada de malo en sí, el problema que había en este caso era que no se me permitía expresar en absoluto emociones negativas. De modo que yo creía que cualquier emoción que no fuera la felicidad y la alegría tenía algo de malo. Como consecuencia de ello, sepulté mis verdaderas emociones y las necesidades que hubieran servido para ayudarme a realizarme. En lugar de eso decidí que mi rabia, mi tristeza y mi pena eran señales de que era un ser humano imperfecto y que tenía que reprimir esas emociones a toda costa. Así que se introdujeron en mi cuerpo, claro. Desarrollé migrañas, fascitis plantar y astigmatismo.

No descubrí hasta unos años después que cada emoción significa una verdadera necesidad que no se está satisfaciendo (por lo menos en el caso de una persona empática; no necesariamente en el de un vampiro). No comprendía que mis emociones eran mi sistema de orientación Divino que servía para ayudarme a identificar mis necesidades y poder así satisfacerlas.

Cuando estás sintiendo emociones negativas, tienes que asegurarte de no reprimirlas. Cuando has perdido un hijo, has pasado por un divorcio terrible o has sufrido la muerte de una pareja o de un amigo querido, simplemente tienes que entregarte al bálsamo curativo del movimiento, el sonido y las lágrimas, la forma innata que tiene el cuerpo de sanar un dolor profundo. No hay otro modo de sanar el dolor y recuperar la alegría que sentirlo y pasar por él. Al final tienes que lamentarte y gemir, llorar y rendirte después a un Poder Superior. De otro modo, toda esta energía se quedará estancada en tu organismo y dará lugar a todo tipo de problemas de salud.

Y eso no es solamente cierto para las emociones actuales. Tienes que lidiar con los hechos y las situaciones que te hirieron en el pasado. Estas áreas de dolor no mejorarán simplemente mediante el pensamiento positivo, las afirmaciones y los murales de deseos, te lo aseguro. Piensa en tu salud como en una pared cubierta con un papel pintado viejo que tienes que redecorar. No obtendrás un buen resultado pegando el nuevo papel sobre el viejo. Primero tendrás que arrancar el papel viejo y reparar la superficie de la pared. Sólo entonces dispondrás de la superficie adecuada para el papel pintado nuevo. Lo mismo ocurre con la pena, el dolor y la pérdida que tenemos de la infancia y las vidas pasadas.

El dolor y los traumas no resueltos de la infancia o de la línea genética familiar seguirán actuando bajo la superficie, creando lo contrario a una vida saludable y alegre. Y ningún intento de pensar positivamente, o de cambiar tus creencias, sin identificar el origen del dolor y permitirte sentir y liberar ese dolor funcionará. Pero tampoco es saludable crear un santuario para tu pena y esperar que todo el mundo la adore. Por ejemplo, no puedes convertir en un santuario la habitación de tu hijo después de que éste haya fallecido. Hacerlo consagrará también tu dolor y hará que te conviertas en un vampiro.

Así que hay que expresar las emociones. Bueno, parece bastante fácil, ¿no?

Pues lo es y no lo es. Lo es porque es una parte innata de quienes somos, pero no lo es porque la mayoría de personas hemos programado en nuestro interior la necesidad de reprimir nuestras emociones. En este tema, una vez más, es cuestión de reconocer cuando aparecen y favorecerlas.

Jamás olvidaré cuando estuve en un taller «Living in Process» de Anne Wilson Schaef a principios de la década de 1990. El formato consistía, simplemente, en que nos sentáramos «con nosotros mismas» y que, cuando alguien tuviera algo que decir, lo dijera. Muy a menudo, las cosas que se compartían hacían reaccionar a otras personas del grupo. Cuando reaccionaban o sentían que surgía algo emocional, se echaban en una de las colchonetas que había dispuestas por la habitación y se permitían sentirlo. Se sumían totalmente en el sentimiento, haciendo los sonidos que necesitaban hacer y los movimientos que parecían sanarlos. Mientras tanto, alguien iba a sentarse con ellas. Esa persona *no* las tocaba; se limitaba a darles pañuelos de papel si los necesitaban.

En aquel momento, eso me recordó mucho el área de parto del hospital en el que trabajaba. Era como si todas nosotras fuéramos comadronas de quienes estaban dando a luz partes más conscientes de sí mismas y dejando atrás el dolor. Y entonces me tocó a mí. Había estado siete días observando cómo la gente gemía en las colchonetas y teniendo la sensación de que yo lo tenía todo controlado y ellos, no. Pobrecillos. Por aquel entonces, mis colegas y yo habíamos ido a ese taller para abordar lo que creíamos que era nuestra «codependencia», un término vago que yo ya no uso para describirme a mí misma. Pero por aquel entonces era lo único que teníamos, y sabíamos que Anne era una experta en este campo. Habíamos ido sobre todo para obtener ayuda con una intervención formal, en la que yo estaba impaciente por participar.

Llegó el momento de nuestra intervención, y Anne nos hizo sentar a las cuatro formando un círculo interior rodeado por los otros 50 participantes. La primera parte de una intervención consiste en que digas a la persona lo mucho que la quieres y te preocupas por ella. Yo empecé diciendo a mi colega lo mucho que significaba para mí que apareciera en el hospital cuando iba de parto de mi segunda hija y que se ofreciera a aparcar mi coche para que mi marido y yo pudiéramos entrar juntos en el hospital. Y me eché a llorar. Que una colega hiciera algo así por mí era tan excepcional que apenas podía asimilarlo. Y el recuerdo me hizo saltar las lágrimas. Anne dijo: «¿Quieres echarte y ver qué surge?» Recuperé rápidamente la compostura y contuve las lágrimas. Después de todo, estábamos haciendo una intervención. ¿Quién era yo para interrumpir el propósito de la reunión con mis emociones? No. Reprimí esos sentimientos, algo que había dominado muy bien en la infancia y, después, en la facultad de Medicina y la residencia. Y entonces Anne dijo: «Estás muy cansada». Y al oír eso, el dique se reventó. Y me eché en esa colchoneta y gemí una hora por lo menos.

De mi boca brotaron sonidos ancestrales, que eran como los de las mujeres en el Muro de las Lamentaciones de Jerusalén. Mi yo testigo —la parte de todos nosotros que nos observa ajena al tiempo y al espacio— estaba intrigada. ¿Quién se iba a imaginar que yo pudiera emitir esos sonidos? Y mientras lo hacía, lloré por todas las veces que jamás pude descansar. Y entonces retrocedí en el tiempo. Y lloré por mi madre. Y después por su madre, mi abuela Ruth, que se quedó huérfana a los tres años cuando su madre murió. Y entonces se abrió una trampilla en algún lugar de mi conciencia y bajé por ella, más y más hasta un sitio llamado «el dolor de todas las mujeres». Y gemí por todas las mujeres que han perdido a un hijo en el parto, o perdido a su madre, o que jamás pudieron descansar. Y ese sitio era interminable. Lo mismo que mis gemidos. Pronto toda la habitación, hombres y mujeres, estaban gimiendo tumbados en colchonetas. Cuando por fin terminó, me di cuenta de que había nacido para transformar este dolor, el dolor de las mujeres, en alegría. Lo sabía en mis células. Y sabía que tenía que empezar conmigo.

Desde ese momento, ha habido muchas otras ocasiones en las que he sentido surgir emociones profundas. Y he ido a mi habitación, he cerrado la puerta, me he acostado y he dejado que los sentimientos afloraran. A veces es rabia. A veces, pena. A veces, una profunda tristeza. Pero la cuestión es la siguiente: cuando te permites llegar al fondo y volver, con movimientos, sonidos y lágrimas, tu cuerpo elimina el trauma de tu ADN. No se precisa nada más. Nacemos preparados para hacerlo. Todos los bebés lo hacen de modo natural. A veces, simplemente, tienes que eliminarlo llorando.

La primera vez que te permitas a ti misma hacerlo, puede que te sientas como si te permitieras llegar verdaderamente al fondo del abismo del dolor, del que jamás lograrás salir. Saldrás, te lo aseguro.

Pero por eso suele resultar útil pedir a una persona de confianza que se siente contigo como testigo. Una advertencia: tu testigo *no* puede abrazarte ni intentar «orientarte». Eso interrumpirá tu proceso. El motivo por el que solemos sentirnos obligados a abrazar a otra persona que sufre es que su dolor provoca el nuestro. Así que la abrazamos para dejar de sentirlo totalmente *nosotros*. No lo hagas.

Muchas veces surge una emoción profunda cuando no es oportuno sumirse totalmente en ella. En ese caso, limítate a decirte a ti misma: «No te preocupes. Me ocuparé de ti». Y comprométete a abordar esa emoción profunda lo antes posible. No se irá a ninguna parte.

Cuando nos permitimos sentir nuestro dolor más profundo, también tenemos acceso a nuestra alegría más efervescente. Muchas veces, acabarás riendo histéricamente después de una profunda liberación emocional. Es algo que aflora naturalmente.

Asimismo, después de permitirte sentir y liberar viejas emociones estancadas, perderás peso y tu aspecto se habrá rejuvenecido. Esto da, literalmente, marcha atrás al reloj. Porque has dejado de arrastrar cargas del pasado.

Como expone Woody Allen en su película *Manhattan*: «No puedo expresar rabia. Es uno de los problemas que tengo. En lugar de eso, me sale un tumor». Al escribir este libro espero que no te tenga que salir un tumor para sentir finalmente tu rabia, tu pena y tu ira.

EL CUIDADO DE LA SALUD ADECUADO PARA TI

Antes de pasar a prácticas sanadoras concretas, hay unas cuantas cosas que quiero que sepas sobre el cuidado de tu salud. La primera y más importante es que es muy probable que seas muy sensible a los medicamentos estándares, puede que incluso a la aspirina. La dosis habitual será demasiado elevada y es probable que, si sigues las recomendaciones del prospecto, sufras algún efecto secundario. Hace poco, recetaron a una de mis colegas que trabaja como intuitiva profesional 10 miligramos de prednisona para un problema relacionado con el pinzamiento de un nervio. Por lo general, cuando aparece un problema grave, se administran dosis mucho más altas de prednisona (hasta 60 miligramos o más) a fin de detener rápidamente el dolor y la inflamación. Después, se van reduciendo gradualmente a lo largo de los siguientes días o semanas. Pero mi amiga dijo que a los dos días de tomar esa dosis baja se sentía ansiosa y psicótica. Los analgésicos que le recetaron también le provocaban efectos adversos. Así que dejó de tomarlos. Oigo esta clase de situación constantemente.

En general, a las personas muy sensibles les van mucho mejor planteamientos sanadores basados en la energía cuántica y no en la intervención química y quirúrgica. A mi entender, la homeopatía, las esencias florales, la acupuntura, los masajes, las hierbas medicinales, las oraciones, el yoga, el pilates, la quiropráctica, la intuición médica y las curaciones con Amor Divino deben considerarse realmente atención sanitaria porque todas estas cosas interactúan primero con el campo energético del cuerpo.

En el cuerpo energético los problemas pueden abordarse mucho antes de que se manifiesten en el cuerpo físico, y es así como conservamos y recuperamos la salud. Hace años, hice mi primera lectura con la famosa intuitiva médica Caroline Myss. Durante la lectura, dijo: «Tu frecuencia cardíaca ha cambiado a lo largo de los últimos cinco años. Eres una adicta a los rescates; ¿me oyes? Tienes que controlarlo». Como las cardiopatías «son hereditarias en mi familia», me tomé esta información muy en serio y empecé a buscar en mi vida patrones que me hicieran sentir esa necesidad de rescatar a todo el mundo en mi práctica de la medicina y en mi vida personal. ¿Tenía algo malo mi corazón que la medicina convencional pudiera detectar? No. Mi electrocardiograma, mis pulsaciones en reposo, mi tensión sanguínea y mi colesterol estaban perfectamente bien. Lo siguen estando. Lo que no estaba bien era mi energía vital. La iba perdiendo sin reponerla regularmente para mí. Años después, mi corazón está mejor que nunca. Pero sólo porque trabajé mi patrón de pérdida de energía vital.

La medicina convencional es excelente en caso de accidentes, traumas, sustituciones de articulaciones y urgencias muy graves. Pero se queda muy corta en lo que se refiere a conservar la salud o a tratar afecciones crónicas. La medicina moderna se basa en un sistema de creencias de tipo bélico que está obsoleto y que necesita una reforma urgente. Actualmente, los médicos suelen creer que existe una «pastilla para cada dolencia». Cuando se trata de un cáncer o de una enfermedad infecciosa, el enfoque es radiar, extirpar o intoxicar con quimioterapia el tumor. Su objetivo es erradicar todos los gérmenes con antibióticos. Pero el enfoque de la medicina actual ha fracasado rotundamente en lo que se refiere a las enfermedades crónicas más frecuentes como la diabetes, la artritis y el cáncer. Está bien documentado que los errores médicos son la tercera causa principal de muerte en Estados Unidos. Así que te recomiendo que establezcas relaciones con sanadores reales en tu comunidad. Y que programes sesiones regulares para mantenerte sano.

10

Sanación física posvampiro

Ahora que sabes lo que hay que hacer, desde una perspectiva más amplia, para recuperar y conservar la salud, veamos algunas prácticas que están diseñadas para sanar exactamente lo que te ha arrebatado tu relación con un vampiro.

CURACIÓN CON AMOR DIVINO

La primera técnica de la que quiero hablarte no es para curarse específicamente de los males que nos causan los vampiros. Es una forma general de abordar la salud y la sanación que creo que todo el mundo, y especialmente las personas muy sensibles, debería conocer. Se trata de la curación con Amor Divino. Si has leído mis dos últimos libros, seguramente la conocerás, pero necesito incluirla aquí de nuevo por lo potente que es esta técnica sanadora. De modo que te ruego paciencia si ya sabes de qué va.

Oí hablar por primera vez del Amor Divino hace años de labios de Bob Fritchie, un ingeniero aeroespacial jubilado. Este proceso invoca el poder del Creador y del Amor Divino para efectuar cambios en el asunto y la circunstancia. Sé que puede costar de creer, pero deja a un lado tu ego un momento. Aunque puede que la ciencia y la medicina modernas sean incapaces de explicar actualmente los efectos de esta práctica, recuerda que solían practicarse lobotomías para curar la depresión. Y que se solía administrar heroína como antitusivo. Puede que algún día la ciencia y la medicina se pongan al día con el poder curativo del Amor Divino.

Antes de empezar, déjame decir que el Amor Divino *no* es lo mismo que el amor personal. El amor personal es la clase de amor que puede resultarnos tan mortífero a las personas empáticas. Tenemos la capacidad de amar a los demás a costa de nosotras mismas. Pero el Amor Divino no reside en una persona, ni tampoco acaba en una persona. Está altruistamente a disposición de cualquiera que pueda responder «sí» a las dos preguntas siguientes. 1. ¿Crees en Dios o en un Poder Superior?, y 2. ¿Realmente quieres ponerte bien?

Muy bien, ¿cómo se utiliza el Amor Divino?

Simplemente pide, a modo de súplica, que el Amor Divino te recorra. Es como enchufarte a una vibración más alta que siempre está a tu disposición.

He aquí el proceso:

1. Siéntate con los brazos y las piernas descruzados. El cuerpo es una batería, y cruzar los brazos o las piernas la cortocircuitarán.

2. Quítate todas las joyas.

3. Mantén los pies bien pegados al suelo.

4. Di la siguiente súplica general, que aprendí de Bob. «Con mi Espíritu y la ayuda de los Amorosos Ángeles de Luz, concentro el Amor Divino por todo mi organismo. Pido a mi Espíritu que identifique cualquier motivo y cualquier situación que me separe del Creador. Y ahora pido que todos ellos sean eliminados con Amor Divino de acuerdo con la Voluntad del Creador.»

5. Inspira por la nariz. (Eso dirige tu intención hacia el interior de tu cuerpo.) Contén la respiración mientras cuentas hasta cuatro.

Expulsa el aire por la nariz como si la estuvieras despejando. Eso envía tu intención al universo.

6. Ahora siéntate y concentra ligeramente tu atención en tu glándula timo, que está situada detrás del esternón. Éste es el lugar del cuerpo por el que se introduce el Amor Divino para ser distribuido por todo el organismo.

Cuando hago una meditación de Amor Divino, me gusta poner un temporizador para que suene al cabo de dos minutos. Digo la súplica, controlo la respiración y pongo el temporizador del móvil. Presto atención a las imágenes, los pensamientos, los sentimientos y también las canciones que se me ocurren durante ese período de tiempo. Me asombra la información que llega, a menudo en imágenes clarísimas con banda sonora. Este enfoque me aporta una enorme cantidad de información intuitiva que utilizo en la vida diaria. Y cuando hago súplicas con mi colega Diane Grover, con quien hace décadas que trabajo, ella suele obtener información para mí que yo no obtengo por mí misma. Y viceversa. Por ejemplo, una vez que estábamos haciendo meditaciones de Amor Divino la una para la otra, «vio» en medio de su meditación a un hombre con quien yo estaba trabajando, y que era y actuaba como Gollum («¡mi tesoro!») de *El señor de los Anillos*. Yo tuve después un par de sueños sobre él que confirmaban lo que ella había visto, y esa información me bastó para dejar de trabajar con él. Más adelante averigüé (¡sorpresa!) que es un vampiro de primera.

Cuando hagas las súplicas, puedes limitarte a formular las genéricas citadas anteriormente o puedes formular una súplica específica para un problema concreto. Por ejemplo: «Con mi Espíritu, concentro el Amor Divino por todo mi organismo, reconozco mi dolor de cabeza y pido que sea curado con Amor Divino de acuerdo con la Voluntad del Creador». Que tu súplica sea solo por un síntoma a la vez.

Muchas veces reúno a familiares o amigos para enviar la curación con Amor Divino a alguien necesitado, como un familiar o un amigo. Nos comunicamos por un número gratuito de multiconferencia; todos llaman y yo digo la súplica y pongo el temporizador. Después, todos intervienen para explicar lo que han experimentado. Y muchas veces la persona que recibe la energía sanadora la siente profundamente. Por ejemplo, hace un par de años, mi madre empezó a tener dificultades al hacer ejercicio. Se sentía débil y le faltaba el aliento, lo que es muy extraño porque ha practicado el excursionismo durante décadas y está muy en forma. Su estudio cardíaco era normal, con un ECG normal. Un día me llamó y me dijo que su frecuencia cardíaca era de apenas unas 40 pulsaciones. No supe qué podía estarle pasando. Fue a la Clínica Mayo en Scottsdale, en Arizona, donde por aquel entonces estaba viviendo mi hermana. Resultó que mamá necesitaba un marcapasos. Pero como, su problema era intermitente, nadie se lo había diagnosticado. Su cardióloga era una mujer fantástica que hizo que todos los residentes fueran y escucharan el corazón de mi madre, y les dijo: «Prestad atención, así es como late un corazón fuerte y sano sin medicación». En cualquier caso, se programó la colocación del marcapasos para el lunes siguiente, de modo que tenía que estar ingresada todo el fin de semana en el hospital. Con una frecuencia cardíaca peligrosamente baja. Reuní a todos por teléfono para una curación con Amor Divino. Fue profundamente sanador para todos nosotros. Yo «vi» a mi padre (que había muerto mucho antes) bailando junto a la cama de mi madre y animándola. También oí la canción «Swing Low, Sweet Chariot». Otros familiares, llorando de emoción, dijeron a mi madre muchas cosas festivas que habían sentido y visto. Una profunda paz invadió a mi madre. Nadie sabía qué iba a pasar. Mi madre había firmado la orden de «no reanimación». Ese lunes le colocaron el marcapasos y ahora vuelve a practicar normalmente el excursionismo y demás actividades. La capacidad de reunir a un grupo de personas para enviar y recibir Amor Divino es una práctica enormemente práctica y emotiva que recomiendo de forma encarecida.

Bob Fritchie utiliza el Amor Divino con protocolos concretos a través de World Service Institute, su organización sin ánimo de lucro regulada por el artículo 501(c)(3) del Internal Revenue Code, o código fiscal, de Estados Unidos. Actualmente se dedica a ayudar a drogadictos, y hasta ahora su índice de éxito es del 60 por ciento con quienes responden «sí» a las dos preguntas que mencioné anteriormente. También ha documentado cómo el Amor Divino ha curado diversas afecciones, incluido el cáncer.

Curiosamente, también hemos observado que puedes curarte preventivamente de los efectos de los alimentos y el agua de mala calidad usando el Amor Divino. Básicamente, puedes «tratar» los alimentos y el agua con Amor Divino. Antes de comer o beber, simplemente di: «Infundo Amor Divino a estos alimentos para que contribuyan a mi bienestar». A continuación inspira y controla tu respiración. Hecho. Esto ayudará a contrarrestar cualquier aspecto negativo de los alimentos o del agua. ¿Los volverá limpios y ecológicos? No. Pero les infundirá el amor del Creador, que los hará más saludables.

Cuando empieces el día y salgas al mundo, envía Amor Divino delante de ti, y también detrás de ti. Es la mejor clase de protección. Basta con que hagas lo siguiente. Te levantas de la cama, o te quedas en la cama, y dices en voz alta o mentalmente: «Envío ahora Amor Divino al mundo delante de mí, a mi alrededor y detrás de mí. Hoy salgo al mundo Divinamente protegida». Inspira. Contén la respiración. Y exhala controladamente. Repite las veces que quieras.

CONSERVA LA SALUD

Para curar y conservar la salud después de una relación con un vampiro hay que reducir el estrés y la inflamación que generan los problemas de salud de los que hablamos en el capítulo 4. Si bien estas prácticas son buenas para todo el mundo, son fundamentales para las personas que se recuperan del abuso de un vampiro.

Una observación: no esperes demasiado de ti hasta que no hayas sido capaz de establecer unos buenos límites con tu vampiro. Realizar estas prácticas puede mantenerte más sano en una mala relación, pero no puede competir con la cantidad abrumadora de hormonas del estrés que experimentas al tener una relación con un vampiro.

He intentado elaborar una lista de prácticas sencillas que puedes llevar a cabo en tu vida sin demasiado estrés, porque, una vez más, se trata de combatir el estrés y la inflamación asociada con él. Yo te recomendaría que repasaras esta lista y eligieras un par de cosas que puedas hacer fácilmente. Elige las que te funcionen ahora. Y recuerda, el éxito llama al éxito. Y los pasos pequeños funcionan mucho mejor que hacer une especie de ejercicio intensivo para llevar una vida saludable.

Comienza y termina conscientemente el día

Tener una intención para el día puede cambiar la forma en que interactúas con el mundo, lo que es espléndido para reducir el estrés. Una forma estupenda de hacerlo es combinar el poder de la meditación y la imaginación.

Últimamente, la meditación ha sido objeto de mucho estudio, y ha demostrado ser de ayuda en todo, desde la depresión y la ansiedad hasta el aumento de peso y el trastorno por estrés postraumático. El origen de toda esta sanación eres tú. Cuando concentras tu mente y dejas que tus pensamientos se calmen, accedes de modo natural a tu verdadera esencia, que es Divina y poderosa y está hecha de amor.

La meditación no tiene que resultarte difícil. Simplemente, empieza con 10 minutos al día. Es mejor al despertarte porque establece el tono del día. A continuación encontrarás una meditación rápida que a mí me gusta hacer.

Fija 10 minutos en un temporizador. Siéntate con la espalda erguida. (No tienes que estar en ninguna postura extraña.) Cierra los ojos. Imagina ahora un cordón que va de tu ombligo al centro de la tierra. Imagina que la energía de la tierra regresa a tu ombligo. Imagina ahora un cordón que va de tu ombligo al cielo y lleva el cielo al interior de tu cuerpo. Estás ahora totalmente conectada. Durante los 10 minutos siguientes concéntrate en tu ombligo. Observa qué imágenes, sentimientos y colores te vienen a la cabeza. Cuando suene el temporizador, anota lo que viste o sentiste. Ya está.

Después de hacer esto, yo imagino cómo quiero que me vaya el día. Paso un par de minutos imaginando todo lo que puede salir bien y después, por la noche, antes de acostarme, me pregunto a mí misma: «¿Qué puedo aprender de hoy?» Y anoto las respuestas.

Aprendí está técnica de la mañana y la noche de Joseph Clough, un experto hipnotizador que enseña a la gente a enviar mensajes a su mente inconsciente para alcanzar todo su potencial. La parte de la imaginación al principio del día funciona porque tu mente no distingue la diferencia entre lo que es real y lo que no lo es, por lo que experimentar la bondad en tu imaginación envía señales positivas a la mente. La comprobación al final del día te ayuda a ver tus progresos para no perder impulso. Aquello a lo que prestamos atención se expande. Así, cuando compruebas por la noche las cosas buenas que han pasado y las anotas, empiezas a ver surgir un patrón a medida que observas pruebas tangibles de que tus pensamientos e intenciones influyeron realmente de modo positivo en tu mundo. La forma en que esto funciona, en realidad, es a través de una parte del tronco cerebral conocida como sistema de activación reticular. Esta zona del cerebro te ayuda a concentrarte en algo que es relevante para ti y a desconectarte de lo demás. Es esta parte del cerebro la que actúa cuando, después de que hayas decidido comprar cierto tipo de coche rojo, empiezas a ver ese coche por todas partes. Ese coche se ha vuelto de repente muy relevante. Y lo ves. Esta comprobación dos veces al día, a través del sistema de activación reticular, reeducará con el tiempo tu mente subconsciente, y tu cerebro, y empezará a reprogramarla.

Respira hondo y regularmente

Otra práctica que te ayudará a calmar esas hormonas del estrés consiste en respirar. Hondo. Por la nariz. Y regularmente.

Prueba esto. Inspira lenta y profundamente por la nariz. Abre la parte posterior de la garganta al hacerlo. Exhala después por la nariz. Espera uno o dos segundos. Inspira ahora lenta y profundamente por la boca. Exhala por la boca. ¿Qué observas?

La respiración por la nariz es mucho más honda porque la anatomía de la nariz envía el aire hacia los lóbulos inferiores de los pulmones, donde se encuentra la mayor parte de la sangre. De ahí que respirar lenta y profundamente por la nariz sea una forma mucho más eficaz de oxigenar los pulmones que respirar por la boca. Pero eso no es todo. Expandir la parte inferior de la caja torácica está asociado con estimular el nervio vago, que atraviesa el diafragma. Éste es el principal nervio de la parte de «descanso y recuperación» o «descanso y digestión» del sistema nervioso parasimpático, la parte que ayuda a vencer esas hormonas del estrés. Existen receptores del estrés en los lóbulos superiores de los pulmones, el lugar donde terminan las respiraciones superficiales por la boca, lo que te estresa todavía más. Por otra parte, las respiraciones profundas por la nariz activan receptores calmantes de los lóbulos inferiores de los pulmones.

Respirar por la nariz aumenta también los niveles de óxido nítrico, un gas producido por el revestimiento interior de todos los vasos sanguíneos de tu cuerpo, en tu organismo. El óxido nítrico es el superneurotransmisor que equilibra todos los demás neurotransmisores del organismo, como la serotonina, la beta-endorfina y la dopamina. Se trata de neurotransmisores que se ven afectados por psicofármacos como el Prozac.

Aprender a respirar totalmente por la nariz nos ayuda a recordar quiénes somos realmente mientras digerimos el exceso de hormonas del estrés.

Así que procura inspirar lenta y profundamente tres o cuatro veces por la nariz varias veces al día. Puedes hacerlo cuando hagas un descanso, para volver a sumirte en un estado de relajación. O puedes hacerlo en mitad de un hecho estresante. Ponte notas adhesivas que recen «RESPIRA» por toda tu casa: en el espejo del baño, en el volante de tu coche, en la puerta de la nevera. Te sorprenderá cuánta sanación se obtiene de respirar profunda y regularmente.

Las ventajas de respirar conscientemente por la nariz son tan grandes que he empezado a aplicar uno de los métodos que desarrolló el difunto doctor ruso Konstantin Buteyko, cuyo trabajo revolucionario y clínicamente probado permite corregir el asma, los ronquidos, la apnea del sueño y otras afecciones respiratorias. Aunque en el método de Buteyko existen muchos ejercicios de respiración, el que yo utilizo es realmente sencillo. Cada noche, antes de irme a dormir, me tapo la boca con esparadrapo. Parece una locura, ¿verdad? Bueno, pues he aquí lo que he observado. Cada mañana me despierto con mucha más energía y mucha menos confusión que antes. La primera vez que lo hagas puede que estés algo nervioso unos 15 minutos, pero no te preocupes, tu cuerpo se adaptará. Y después, seguirás toda la noche un patrón de respiración de «descanso y recuperación» en el que tu organismo metaboliza las hormonas del estrés, en lugar del patrón de «lucha o huida» con la boca abierta, roncando, que aqueja a tanta gente.

Así que recuerda, respira por la nariz. Respirar por la boca provoca, de hecho, una respuesta de estrés. Literalmente, provoca que tu cuerpo produzca más hormonas del estrés.

Mueve tu cuerpo

De acuerdo, pasemos ahora al interior del organismo y tratemos de calmar el estrés y la inflamación de otra forma: con el movimiento. Hay que destacar algo del movimiento: es una ayuda increíblemente poderosa para crear y conservar la salud mental. Se ha descubierto que el 50 por ciento de la depresión entre leve y moderada puede curarse, simplemente, con ejercicio aeróbico. Y no mucho, además. Sólo 20 minutos tres veces a la semana. Y andar o hacer ejercicio a un ritmo en el que puedas respirar cómodamente por la nariz. Nunca te esfuerces más de lo que te permita hacerlo respirando por la nariz. En cuanto tengas que respirar por la boca, estarás en «lucha o huida» y la respuesta con hormonas del estrés dará lugar a la inflamación celular y, con el tiempo, a la inmunidad deprimida.

Una de las razones por las que la gente no pierde peso a pesar de hacer mucho ejercicio es que lo hace jadeando con la boca abierta. Lo único que se consigue con ello es aumentar las hormonas del estrés y la inflamación celular. Si respiras lenta y regularmente por la nariz, tu caja torácica irá adquiriendo más flexibilidad con el tiempo. Y podrás caminar e incluso correr respirando sólo por la nariz. El doctor John Douillard, fundador de LifeSpa en Boulder, Colorado, y autor de *Body, Mind, and Sport*, ha entrenado incluso a personas para escalar el Everest sin oxígeno adicional gracias a su capacidad de oxigenar sus tejidos mediante una respiración adecuada durante el esfuerzo físico. Conozco a varios atletas que pueden correr fácil, alegre y cómodamente respirando por la nariz, algo que todos ellos tuvieron que ejercitar. Mientras tanto, quienes hacen ejercicio respirando por la boca suelen terminar doloridos, entumecidos, cansados y temiendo la práctica de ejercicio.

Es probable que hacer los cambios de los que hemos estado hablando —establecer límites con tu vampiro, esforzarse por sanar heridas, etcétera— lleve a algunas personas a sentir que carecen de límites hasta que han avanzado en el proceso. Y ésta es una de las razones por las que recomiendo hacer ejercicio básico. Camina 20 minutos tres veces a la semana. Puedes hacerlo incluso andando arriba y abajo por los pasillos de un edificio o recorriendo un centro comercial. Naturalmente, siempre es mejor hacerlo al aire libre. Pero empieza donde estés. El viejo adagio *Mens sana in corpore sano* es muy cierto. El ejercicio cambia el cerebro tanto como cambia los músculos.

Otra cosa que da lugar al deterioro del organismo es estar sentado largos períodos de tiempo. Hay quien ha descrito estar sentado como el nuevo fumar porque estar sentado más de seis horas al día aumenta el riesgo de prácticamente todo, desde un infarto o un ictus hasta la diabetes o el cáncer. Aunque se haga regularmente ejercicio, estar largo tiempo sentado contrarresta muchos de sus efectos positivos. El cuerpo experimenta el hecho de estar sentado como un «estado de ingravidez», que nos hace perder el equilibrio, la capacidad vital, la densidad ósea, el rendimiento cardíaco y muchas otras funciones corporales, igual que los astronautas, que han permanecido ingrávidos en el espacio. La doctora Joan Vernikos, exdirectora de la División de Ciencias de la Vida de la NASA que fue responsable de la salud de John Glenn cuando regresó al espacio a los 77 años, afirma que estar de pie cada 20 o 30 minutos haría que hasta las personas muy sedentarias confinadas a una silla de ruedas (que no están paralizadas) pudieran levantarse y volver a andar. Éste es el poder de moverse contra la gravedad. Por eso digo a la gente que tendría que levantarse y sentarse por lo menos cada 30 minutos. Para ti, en el estado de debilidad que te ha provocado tu vampiro, eso es todavía más importante.

Muchos de los síntomas físicos que asociamos con el envejecimiento —dolor, gama limitada de movimientos y esa forma de andar arrastrando los pies— se deben a la acumulación de fascia en el organismo. La fascia es la red de tejido conjuntivo que lo conecta todo en el cuerpo. Une la piel a los músculos, reviste y recorre todos los músculos, y también conecta los músculos a los huesos y a todos los órganos del cuerpo con una vaina continua, ininterrumpida.

A lo largo de nuestra vida, nuestra fascia puede volverse densa, rasgarse y engrosarse como consecuencia del estrés físico, emocional o mental, y tú los has sufrido todos en tu relación con un vampiro. Este estrés da lugar a la inflamación y posteriormente al engrosamiento, ya que las fibras de tejido se adhieren entre sí. Con el tiempo, esto empieza a limitar la libertad del movimiento y del flujo de energía en el organismo.

La razón de que el movimiento se vea limitado es evidente: como la fascia está conectada por todo el organismo, el engrosamiento del tejido en un sitio afecta a la fascia en todas las partes del cuerpo. La razón de que la energía se vea limitada es algo más compleja. Nuestra fascia es de naturaleza cristalina y, como cualquier cristal, transmite la energía. Eso significa que puede enviar información por todo el cuerpo con enorme rapidez. Sin embargo, cuando la fascia se vuelve densa y se engrosa, su capacidad de transmitir energía disminuye. Una menor transmisión de energía significa que tus «problemas» quedan estancados en tus «tejidos». Y el cuerpo empieza, literalmente, a parecer viejo y actuar como tal. Como dice mi amiga intuitiva y experta en fascia Hope Matthews: «No es la edad; es la fascia». Afortunadamente, nunca es demasiado tarde para lograr que tu fascia recupere un estado más juvenil, fluido e hidratado.

Estirar y trabajar este tejido fascial contribuye a mantener tu organismo en una forma excelente. No sólo lo conservarás flexible, sino que también activarás los meridianos de la acupuntura que recorren este sistema. Estos meridianos son las autopistas por las que fluye la energía, y están conectados a todos los órganos de tu cuerpo. Cuando activas estos meridianos, envías energía sanadora a los órganos asociados con ellos, lo que es una ayuda excelente cuando estás trabajando para recuperar tu salud tras tu relación con un vampiro.

Una postura correcta es otra forma de movimiento fundamental para conservar sana la fascia y lograr que todos los órganos sigan funcionando de modo sano. El entorno moderno suele hacer que adoptemos posturas desgarbadas y nos movamos mal. Al mirar reiteradamente el móvil con la cabeza agachada tensamos el cuello. Y el resultado es una fascia densa. Existen posturas naturales y saludables que utilizan deportistas, niños y personas de sociedades tradicionales de todo el mundo que no tienen dolor de espalda. Es posible aprender a sentarte, estar de pie, agacharte y moverte de una forma que sea saludable. La principal autoridad en este tema es

Esther Gokhale, autora de *8 Steps to a Pain-Free Back*, que enseña un sistema de posturas saludables que te permite recuperar la integridad estructural de tu cuerpo.

Trabajar tus meridianos fasciales mediante estiramientos específicos no sólo facilita tu postura y tu tono muscular. También contribuye a reforzar tus límites energéticos de modo que seas mucho menos propenso a absorber los problemas de los demás. Como imaginarás, esto te ayuda a mantener a raya a los vampiros energéticos. Mi sanadora especializada en pilates y movimiento intuitivo, Hope Matthews, que también es una experta persona empática, me contó que ya no la «visitan» visitas inoportunas por la noche porque empezó a hacer estiramientos con regularidad. El tipo de estiramientos del que estoy hablando conlleva contraer los músculos a la vez que los extiendes, exactamente como un perro o un gato cuando se levantan después de dormir, o como tú cuando bostezas por la mañana y extiendes las manos por encima de la cabeza. Recuerda que las personas empáticas somos porosas. Para ser más como el Teflón que como el Velcro, ¡tienes que moverte y conservar sana tu fascia!

Lo otro que hemos visto sobre la fascia es que almacena emociones que no han sido procesadas. Estas emociones pueden manifestarse después como una enfermedad. El almacenamiento de información fascial es la forma en que nuestra biografía se convierte en nuestra biología. Así que, al moverte de una forma nueva, haces que tu fascia, y tu potencial, fluyan. He incluido una lista de algunas de mis prácticas de movimiento favoritas en el apartado de «Recursos» al final de este libro.

Depura tu dieta

Podría escribir un libro entero sobre este tema, lo mismo que muchísimas otras personas. Existen tantas opiniones distintas sobre este tema que te proporcionaré solamente unos cuantos consejos probados para reducir la inflamación en tu organismo.

El primero es que comas verdura. No, no tienes que volverte vegetariana. De hecho, hay muchas personas a quienes les va mejor ingerir proteínas de origen animal, incluida la carne roja. Pero todo el mundo necesita mucha verdura. Verdura de hoja, y de colores vivos. Cuanta más, mejor.

Después, reduce al mínimo los alimentos procesados y envasados, y elimina todos los hidratos de carbono refinados siempre que sea posible. Eso incluye galletas, pasteles, panes y demás bollería industrial. Concéntrate en alimentos ecológicos directamente de la tierra o del mar, sin procesar siempre que sea posible. Ecológicos y no transgénicos si es posible. Cuando *no* sea posible, bendice tus alimentos con Amor Divino (véase página 161).

Y por último —y quizá sea lo más importante— evita el azúcar. El azúcar es un opiáceo que alivia el dolor. Y si tienes una relación con un vampiro sufres dolor, te lo aseguro. Aunque no lo sepas intelectualmente. En situaciones experimentales, cuando se da a elegir a las ratas entre agua azucarada y cocaína, se dirigen hacia el agua azucarada con mucha más frecuencia. Se ha calculado que el azúcar es ocho veces más adictivo que la heroína u otros opiáceos. Cuando se administra azúcar a las ratas, éstas pueden mantener las patas sobre superficies calientes mucho más tiempo. Podría decirse que el azúcar es el opio del pueblo. Ésa es la razón de que, en todas las telecomedias, los personajes vayan a por helado, pizza o patatas chips cuando están estresados.

En su libro *La medicina del espíritu*, el antropólogo Alberto Villoldo señala que una dieta que contiene mucho azúcar está asociada con los centros cerebrales inferiores: los centros de supervivencia de la especie. Mientras que una dieta que contiene muy poco azúcar está asociada con la activación de las áreas más evolucionadas del cerebro que intervienen en la creatividad, la revelación, la inventiva y la conexión con la energía Original. Recuerdo haber leído en la década de 1980 un estudio efectuado en el centro de detención de Tidewater, en Virginia. Se había eliminado el azúcar de la dieta de los internos, y la agresión y la violencia se habían reducido espectacularmente. Es indudable que, en muchas personas, el azúcar (o el alcohol, que es más o menos lo mismo) puede provocar una conducta violenta o agresiva. Nos aleja de nuestro Yo Superior y nos mantiene estancados en una vibración inferior, más lenta.

Sé que renunciar al azúcar puede parecer imposible, pero puedes hacerlo. En su libro *Always Hungry?*, el doctor David Ludwig, del Boston Children's Hospital, incluye una introducción de 10 días a su programa que elimina todos los azúcares, incluidos los edulcorantes artificiales (hasta los saludables como la estevia). En 10 días, las papilas gustativas se habrán restaurado. Y una manzana sabrá muy dulce. Y también un boniato. Y, mejor aún, los niveles de insulina caerán en picado, lo mismo que la inflamación celular que te hace sentir cansado, dolorido y malhumorado. Como mínimo, tu campo energético se potenciará lo suficiente como para que seas más «resistente a los vampiros».

Come conscientemente

Muy bien, de acuerdo. Sé lo difícil que es. A veces, comer a la carrera es la única opción que tienes en tu ajetreada vida. Y a veces sólo quieres sentarte frente al televisor y desconectar. Lo entiendo. Pero comer conscientemente es importante. Así que, cuando vayas a comer, siéntate en un sitio donde no puedas distraerte. Y mastica cada bocado 25 veces antes de tragarlo. Si lo haces, verás que saboreas realmente la comida. Cuando lo haces por tu cuerpo, y por tu niño interior, te sientes verdaderamente amada y cuidada de un modo que es probable que no sintieras en tu infancia. Requiere disciplina, ya lo sé. Pero inténtalo. Te sorprenderá lo que te satisfará la comida. Y lo mucho menos que querrás comer. Y lo buena que será tu digestión, dado que la digestión comienza en la boca. Comer de este modo calmará también las hormonas del estrés que tantas personas empáticas tenemos circulando por ahí después de interactuar con un vampiro.

Duerme bien

Dormir es, sin lugar a dudas, la forma más eficaz que tiene nuestro cuerpo de metabolizar el exceso de hormonas del estrés y de sanar nuestro organismo. Las investigaciones están demostrando cada vez más lo vital que es el sueño de calidad para todas las funciones corporales. En algunos países, los centros educativos se están percatando por fin de que empezar más tarde por la mañana es fundamental para los adolescentes, que necesitan dormir mucho, y la industria se está dando cuenta de lo importante que es un buen descanso para el rendimiento de los empleados. Cuando todavía estaba en su empresa, The Huffington Post, Arianna Huffington, activista del sueño y autora de *The Sleep Revolution: Transforming Your Life, One Night at a Time*, instaló habitaciones para que su personal pudiera echarse un sueñecito. Me contó que se usan regularmente. Hace poco compré un sofá-cama para mi consulta, y estoy animando a mi personal a usarlo los días en que se les cierran los ojos. Aunque les han educado en la creencia de que lo mejor es seguir adelante, lo cierto es que *no*.

Dormir es la sanación a la que yo recurro, y lo recomiendo encarecidamente a todo el mundo. Sí, ya sé que hay unas pocas personas a las que realmente parecen bastarles apenas cuatro o cinco horas de sueño al día. Por desgracia, se las alaba por ello. Durante décadas, los que hemos necesitado dormir más hemos tenido la sensación de que nos pasaba algo malo. La medicina es una cultura muy viril en cuanto al sueño. Y Dios sabe que he visto a muchas personas haciendo turnos interminables en urgencias y en las salas de parto. Pero ése no tendría que ser un modo de vida para nadie. Cuando te ves privado regularmente del sueño, tu cuerpo adopta el modo de inflamación celular. Se vuelve casi imposible perder peso, y menos aún vivir de acuerdo con tu verdadero yo.

Cuando tengo que viajar o tengo que levantarme más temprano de lo que quiere mi cuerpo, siempre me reservo uno o dos días en los que no tengo que despertarme a ninguna hora concreta. Entonces duermo todo lo que quiero. Y a veces eso significa un mínimo de 12 horas de un tirón. Has leído bien: un mínimo de 12 horas. Después de todo, los grandes simios, la especie más cercana a la nuestra, duermen 10 horas al día. También he oído que el gran Albert Einstein dormía siempre 10 horas al día.

A continuación encontrarás unas cuantas normas para dormir bien:

- **Crea un «anochecer» electrónico:** La luz de las pantallas del ordenador, los móviles y el televisor influyen negativamente en los niveles de melatonina de nuestro cerebro. La melatonina, producida por la glándula pineal, actúa como antioxidante y es fundamental para gozar de buena salud y dormir bien. Cuando te quedas dormida con el televisor encendido, estás bombardeando tu cuerpo con unas longitudes de onda que no son adecuadas para descansar. La electrónica también activa mucho el sistema nervioso. Ningún buen progenitor acuesta a su hijo después de un par de horas viendo programas violentos o estimulantes por televisión. En lugar de eso, existe una rutina estupenda en la que el niño se va a su habitación o se baña. Entonces, el progenitor le lee un cuento y lo arropa. Esta rutina suele durar entre 30 minutos y una hora. Nosotros necesitamos el mismo amor y los mismos cuidados que ese niño. Yo casi siempre tomo un baño caliente con una taza de sales de Epsom disuelta en el agua antes de acostarme. El magnesio de las sales de Epsom relaja mucho el sistema nervioso. También leo un poco en la bañera.

- **Duerme a oscuras (si es posible):** La luz ambiental reduce la melatonina. Observa lo activo que estás en las noches de luna llena cuando la luna ilumina tu ventana. Si es preciso, instala cortinas opacas, especialmente si vives en un área donde las farolas iluminan tu ventana.

- **Acuéstate a las 10 de la noche:** Tanto en la medicina ayurvédica como en la tradicional china, está comprobado que el ciclo de depuración del hígado en el organismo se produce de las 10 de la noche a las 2 de la madrugada. Eso significa que tu cuerpo obtendrá la máxima cantidad de tiempo para depurarse y rejuvenecerse si duermes durante esas horas en lugar de ver la televisión o trabajar con el ordenador.

- **Apaga el móvil:** Sé que es difícil. Somos adictos a él. Pero tener el móvil encendido es malo a varios niveles. En primer lugar, te mantienes a expensas de que te envíen mensajes o correos electrónicos personas que pueden ser poco consideradas con tus horas de sueño. Además, tener el móvil encendido te incita a consultarlo nada más levantarte. Te aconsejo que, después de levantarte, dediques por lo menos 30 minutos de tu tiempo a la introspección antes de comprobar los correos electrónicos o conectarte a los medios sociales. Utiliza esa poderosa pizarra casi en blanco al despertar para establecer el tono del día. Medita, lee algo inspirador, di una o dos afirmaciones. Y envía Amor Divino delante de ti para preparar la calidad de tu día.

- **Plantéate taparte la boca con esparadrapo:** Como mencioné anteriormente, taparte la boca con esparadrapo mientras duermes entrena tu cuerpo a respirar por la nariz, lo que permite a tu organismo eliminar las hormonas del estrés mucho más deprisa que respirando por la boca. Con el tiempo, esta práctica modificará la posición de tu mandíbula, tu caja torácica, tus conductos nasales y la calidad de tu sueño, por no hablar de las ventajas de eliminar los ronquidos, la respiración por la boca y la apnea del sueño. Sé que puede parecer una locura, pero inténtalo. Yo uso esparadrapo de papel Micropore 3M, pero puedes usar cualquier esparadrapo de papel hipoalergénico.

Otra cosa increíble del sueño es que cuando duermes profundamente tienes tendencia a recordar los sueños, y los sueños son la forma en que tu subconsciente capta tu atención, lo que puede resultar muy útil cuando estás trabajando para sanar tus heridas y traumas de la infancia. Puedes trabajar directamente tus sueños para averiguar lo que hay que sanar. Así que presta atención cuando sueñes. Utiliza tu intuición para deducir si ese sueño fue simplemente un repaso de tu día o si contenía algún mensaje más profundo. Piensa en los sueños como en cartas en las que tu subconsciente te cuenta lo que todavía te hiere.

Una de las formas más efectivas que he encontrado de abordar las heridas que me llegan a través de los sueños es averiguar qué emociones suscita el sueño, sentir después esas emociones totalmente, identificar las necesidades que esas emociones expresan y hacer algo para satisfacer esas necesidades. En el ejemplo que puse anteriormente sobre el sueño en el que tenía que hacer las maletas para tomar un tren mientras mi familia me ignoraba por completo, la emoción con la que me desperté por la mañana fue una profunda pena por no obtener apoyo ni ayuda. Así que identifiqué esas emociones y dejé que me invadieran la pena y el abandono. Después identifiqué las necesidades que esas emociones expresaban: mi necesidad de apoyo, el reconocimiento de mis necesidades, sentirme vista, amada y valorada. Después hablé sobre el sueño con amigos de confianza para poder obtener inmediatamente apoyo mientras estaba despierta. Una vez hube compartido mis sentimientos y obtenido apoyo, la sanación se produjo bastante deprisa.

Este sueño fue especialmente dramático. En muchos otros sueños, cuando el resultado no me gusta, simplemente rememoro el sueño cuando estoy despierta y cambio el mensaje del sueño. Creo situaciones que satisfacen mis necesidades no satisfechas. Si lo hubiera hecho con el sueño en el que nadie me ayudaba, habría rememorado el sueño, habría pedido ayuda y toda mi familia me habría ayudado a hacer la maleta y a tomar el tren en un tiempo récord.

¡Puede que hasta nos hubiéramos parado a tomar café antes! Al soñar despiertos y rememorar el sueño mientras estamos despiertos accedemos al subconsciente igual que un sueño. Y al hacerlo, podemos trabajar rápidamente la historia con nuestro subconsciente y mejorarla mientras estamos despiertos. Recuerda que nunca tienes que ser una víctima de tus sueños.

Preocúpate por las cosas adecuadas

En los tiempos que corren, mantener el equilibrio en nuestro cuerpo se ha convertido en una especie de obsesión. Puedes verlo en la oferta de vitaminas disponibles a la venta y en la cantidad de análisis que te pide el médico. Pero hay algunas cosas por las que tienes que preocuparte y otras por las que no. Y con todo el estrés que has experimentado en tu relación, la parte de «no preocuparte» es muy importante. Ésta es mi lista rápida:

Insulina en ayunas: es algo de lo que tendrías que preocuparte, y un sencillo análisis de tu profesional de la salud te indicará en qué situación estás. Tu nivel de insulina en ayunas mide la cantidad de insulina en sangre cuando hace un mínimo de 12 horas que no has comido nada. ¿Por qué te digo que te hagas un análisis? Porque los niveles de insulina empiezan a elevarse 10 años *antes* de que se diagnostique diabetes tipo 2 a la mayoría de la gente. De modo que este análisis te permitirá controlar la capacidad de procesar el azúcar que tiene tu organismo y, como recordarás, el azúcar es un problema enorme para las personas muy sensibles a las que se succiona energía.

Habrá quien sugiera que analices tu azúcar en sangre en ayunas, pero el nivel de insulina en ayunas es mucho más preciso. El azúcar en sangre en ayunas puede mantenerse normal durante años mientras tu páncreas está produciendo demasiada insulina para lidiar con unos niveles de azúcar en sangre que son demasiado altos.

Lo ideal es que tu nivel de insulina en ayunas sea inferior a 3.

Yodo: dada la fluoración y la cloración del agua, además del bromuro que se añade a la bollería, muchísimas personas poseen niveles insuficientes de yodo en su organismo. Así que es aconsejable incluir yodo adicional en tu dieta. La sal yodada es la fuente en la que más gente piensa cuando quiere obtener más yodo; sin embargo, esta sal plantea otros problemas. Para el sabor salado, yo suelo aconsejar sal marina y sal del Himalaya, pero éstas no contienen yodo. ¿Cómo puedes entonces obtener yodo y evitar los problemas? Come algas, toma pastillas de kelp o, simplemente, pon gotas de solución de Lugol en agua. Por lo general bastarán siete gotas del Lugol 2 por ciento en agua. Empieza muy lentamente si estás tomando medicación para la tiroides y, si es posible, consulta con un médico que pueda supervisar el estado de tu tiroides.

El yodo es fundamental para una salud óptima de la tiroides, los ovarios y las mamas. Muchas veces, las mujeres con dolor de mamas experimentan un alivio total después de añadir yodo a su dieta. Ten en cuenta que, cuando empiezas a tomar yodo, puede aparecerte un sarpullido u otra reacción a la depuración, ya que el yodo facilita que el organismo elimine el exceso de cloro, flúor y bromuro. La gente lo confunde con una alergia al yodo.

Otros minerales: debido al agotamiento del suelo, la mayoría de personas necesitamos más minerales en nuestra dieta. Los minerales, especialmente el magnesio, son lo que conserva la carga electromagnética de nuestros campos biológicos. Cuando los minerales disminuyen, nos volvemos como un ordenador lento que se inicializa muy despacio. Las fuentes más ricas en estos minerales que he encontrado son la solución ReMag y ReMyte de magnesio y de otros minerales de la doctora Carolyn Dean. La doctora Dean escribió *The Magnesium Miracle* y su investigación sobre el tema es la más precisa que he encontrado. Si tienes calambres en las piernas, fibrilación auricular, dificultad para dormir, dolores de cabeza o ansiedad, todas estas cosas podrían ser signos de una deficiencia de magnesio. Tomar magnesio de esta forma te permite alcanzar una dosis mucho más elevada sin los habituales efectos secundarios para los intestinos del magnesio oral, que suele provocar diarrea. Yo añado una cucharadita de ReMag y de ReMyte a una pinta (unos 0,47 litros) de agua a la que he añadido un poco de sal del Himalaya. Preparo el agua con antelación, vertiendo una cucharadita de sal del Himalaya en un galón (unos 3,78 litros) de agua. Conservo esta agua a temperatura ambiente en la cocina para tenerla a punto cada mañana. El ReMag y el ReMyte no saben bien. Así que añado dos cucharadas soperas de vinagre de sidra de manzana orgánico Bragg a la mezcla.

Vitamina D: comprueba tu vitamina D. Un nivel óptimo de vitamina D se sitúa entre los 40 y los 60 pg/mL (picogramos por mililitro). Las personas con niveles óptimos de vitamina D poseen la mitad de riesgo de padecer esclerosis múltiple, cardiopatía, cáncer de mama y de colon.

Puedes obtener una cantidad importante de vitamina D a través de la exposición regular al sol. Si tienes la piel clara, treinta minutos de exposición de la mayoría de tu cuerpo al sol te proporcionarán 10.000 UI (unidades internacionales) de esta vitamina, producida bajo la piel. Si eres de piel morena, tendrás que permanecer más rato al sol para obtener la misma cantidad de vitamina D. Las personas de piel morena también pueden sufrir quemaduras solares, por lo que todo el mundo tiene que empezar despacio e ir aumentando el tiempo. Para las personas que vivimos en el hemisferio norte, eso significa 5-10 minutos al día empezando a finales de marzo hasta llegar a 30-60 minutos en la mayor parte posible del cuerpo a media mañana o al final de la tarde a medida que avance el verano. Ten en cuenta que, en el norte, después de mediados de octubre no recibes suficientes rayos UVB (ultravioleta de longitud de onda corta) para producir vitamina D bajo la piel. Así que en otoño, invierno y principios de primavera (y cuando no puedas salir al aire libre en verano), ingiere un suplemento de 5.000 UI de vitamina D al día.

La luz natural es también un nutriente. Cuando andas bajo la luz natural, estás nutriendo tu cerebro y equilibrando tus hormonas a través de la retina del ojo.

Colesterol: se trata de un área en la que difiero un poco del *establishment* médico. El colesterol ha sido convertido, directamente, en un enemigo a lo largo de las últimas décadas y, en mi opinión, esto ha sido más perjudicial que beneficioso. La mayoría de gente no tiene que preocuparse por el colesterol hasta que éste no se acerque a 300. Muchas personas de más de 90 años que están perfectamente sanas tienen colesteroles de entre 260 y 300. Hay demasiadas personas que toman estatinas, asociadas con la pérdida de memoria, el dolor muscular y el cáncer de mama. Así que te sugiero que compruebes tu colesterol, pero que no aceptes sin más la receta de tu médico. Investiga por tu cuenta y decide.

Conviértete en un experto en vacunas

Desde 1991, el calendario recomendado de vacunas infantiles de los CDC (Centros para el Control y la Prevención de Enfermedades en Estados Unidos) triplicó la cantidad de dosis incluidas. Y al mismo tiempo, el Congreso estadounidense concedió una inmunidad total a los productores de vacunas para cualquier demanda por daños causados por una vacuna. Desde aquel momento, la cantidad de vacunas recomendadas a los adultos también ha aumentado considerablemente. Una vez conozcas la historia y la política de las vacunas, verás rápidamente que se trata de algo mucho más complicado. Además, actualmente no son las enfermedades infecciosas las que acaban con muchas vidas, sino las enfermedades degenerativas crónicas.

Plantéate cuidadosamente si vas a ponerte vacunas «rutinarias» como la del herpes, la gripe y la neumonía. Todas las vacunas contienen una plétora de sustancias tóxicas que pueden perjudicar la salud, especialmente en personas tan sensibles como las empáticas. Las vacunas no son ni universalmente seguras ni efectivas. Para conocer un punto de vista revelador y científicamente riguroso sobre las vacunas, te recomiendo encarecidamente que leas el libro *Desvaneciendo ilusiones: las enfermedades, las vacunas y la historia olvidada* de la doctora Suzanne Humphries. La doctora Humphries es una internista y nefróloga que llamó la atención sobre los riesgos asociados con las vacunas cuando sus pacientes de diálisis experimentaron un deterioro de la función renal después de su vacunación rutinaria en el hospital. Recuerda que eres una persona empática. Sabes cosas. Y una de esas cosas es cómo sanar y estar sana, a pesar de todo lo que te han programado para creer.

Deja que la Madre Tierra te sane

En la época anterior a los antibióticos, se enviaba a las personas con tuberculosis a sanatorios donde cada día pasaban un rato expuestas al sol y también haciendo ejercicio al aire libre. Muchas se curaban así por completo. Pero nos hemos olvidado de ello en la era de los antibióticos, que está ahora llegando a su fin debido a que el uso excesivo de antibióticos ha creado bacterias asesinas que son resistentes a los antibióticos.

Se ha demostrado que pisar descalzo la Madre Tierra tan sólo 20 minutos reduce un 20 por ciento la inflamación celular. Cuando tengas *jet lag*, pisar descalzo la tierra te rejuvenecerá rápidamente. Eso se debe a que la Tierra emite electrones cargados negativamente que son realmente buenos y muy saludables. Si no puedes descalzarte, agárrate a un árbol. Eso también te conectará a ti y tu energía. Pasar demasiado tiempo ante las pantallas —ante el móvil y el ordenador— está asociado con toda clase de efectos negativos sobre nuestro sistema electromagnético. Pero esto puede contrarrestarse pasando regularmente tiempo pisando la tierra.

CONÓCETE A TI MISMA

Existe infinidad de libros sobre qué comer y cuándo. Cómo hacer ejercicio. Cómo meditar. De modo que te doy un último consejo. Antes de elegir un camino, haz lo siguiente: siéntate. Inspira lenta y profundamente por la nariz. A continuación exhala despacio por la nariz. Repite esa respiración. Inspira y espira por la nariz una tercera vez. Has reducido así tus niveles de hormonas del estrés al activar tu sistema nervioso parasimpático. Así que ahora estás preparada para sondearte a ti misma. Pregúntate: «¿Cómo puedo conservar mejor mi energía vital y amarme a mí misma y amar mi cuerpo ahora?» Anota tu respuesta. Estará ahí. Susurrándote al oído.

11

Muéstrate como la luz que eres

Si has leído este libro hasta aquí, espero que hayas estado haciendo el trabajo necesario para sanar tu mente, tus emociones y tu cuerpo. Pero hay un último paso en la sanación, un paso que te ayudará a recuperar o conservar emocional y físicamente la salud. Y lo que es más importante, incorporar realmente este paso te volverá prácticamente inmune a los vampiros. Es lo más estimulante y liberador que he descubierto en mi vida. Este último paso consiste en recordar mostrarte como la luz que eres, algo que te llevará a una vida en la que estarás viviendo como la versión más elevada y más realizada de ti misma. Y cuando lo hagas, estarás vacunada contra la Oscuridad que te rodea.

TÚ ERES LA LUZ

Si hay algo que espero que hayas aprendido al leer este libro, es que tú eres especial. Hay una razón por la que eres presa de los vampiros energéticos. Hay una razón por la que te esfuerzas tanto por ayudar a los demás. Hay una razón por la que eres la persona a quien la gente recurre en situaciones difíciles. Esa razón es que eres una Trabajadora de la Luz. Estás aquí para afianzar la luz y el bienestar para todo el planeta. Estás aquí para emitir energía sanadora de alta frecuencia. Y hasta que no te muestres como la luz que eres, no te sentirás completa. No avanzarás hacia los estados más elevados del amor y la alegría que te protegen de las personas que se alimentan de tu energía.

La luz de las personas empáticas y de las almas viejas empáticas emana de nuestra intención. Nuestra intención es alargar una mano hacia la Divinidad, hacia Dios. Y cuando lo hacemos, afianzamos más luz. Y, como consecuencia de ello, emitimos más luz y sanación. Recuerda lo que dije al principio del libro. Nuestra intención, nuestra luz, se basa siempre en el amor, la compasión y el servicio, no en la abnegación y el martirio. La abnegación y el martirio han sido instrumentos de la Oscuridad usados por la Oscuridad en la vieja energía. Son los instrumentos de la esclavización. Cuando entregas tu poder o te concentras en intentar arreglar lo que no tiene arreglo, atenúas tu luz. Y ésta es una de las lecciones que viniste a aprender. Por eso los vampiros pueden ser unos maestros tan excepcionales.

Cuando te amas primero a ti, te muestras como la luz. Cuando te perdonas por cualquier «pecado» real o imaginado, te muestras como la luz. Cuando dejas de perpetuar el mito de que eres imperfecta y de que te pasa algo malo, te muestras como la luz. Cuando llenas la cuenta bancaria de tu autoestima, te muestras como la luz. Y cuando humildemente reconoces tu grandeza con humildad, te muestras como la luz.

Cuando sientes culpa, vergüenza o humillación, puedes superarlo utilizando las técnicas y los conocimientos que has aprendido en este libro. Y en cuanto lo haces, estás eliminando esa vibración concreta de todo el colectivo.

Todo lo que haces por ti facilita que a los demás les vaya mejor. Todo lo que haces por ti lo haces por el todo, por el lugar donde estamos todos conectados. Cuando lo haces, irradias una energía que dice a la gente que también ella puede sentir sin problemas todo lo que siente. Muestra además a los vampiros que no pueden convertirte en su presa.

Lo sorprendente de las personas empáticas es que nuestro campo energético cambia las cosas. Ilumina la oscuridad y ayuda a eliminarla. Esto es lo que significa ser un Trabajador de la Luz. Estamos aquí para sentir y eliminar emociones oscuras del colectivo, y acelerar el regreso de la bondad afectuosa al planeta. Cada vez que sentimos dolor, pena, culpa o nostalgia, no son solamente los nuestros. De hecho, estamos sintiendo y eliminando esa clase concreta de dolor o de pena de todos. Éste es el enorme servicio para el que nacimos. Ni siquiera es consciente. Simplemente, es así. No lo sabíamos en nuestra niñez. Ahora, sí. Nuestra luz ilumina cualquier lugar en el que nos encontremos. Y las cosas que están ocultas en la oscuridad de repente se vuelven visibles; los vampiros y sus tácticas ya no nos afectan a nosotros ni a las personas que nos rodean.

En su libro *Las tres oleadas de voluntarios para una Nueva Tierra*, la maestra espiritual Dolores Cannon habla de tres tipos de personas que han venido a la tierra a cambiar la energía del planeta para poder evitar un desastre terrible. Las almas viejas empáticas parecen incluirse en la segunda oleada de estas personas. Son «antenas, faros, generadores, canales de energía. Han venido con una energía única que afecta enormemente a los demás. No tienen que *hacer* nada. Sólo tienen que *estar*. Me han dicho que, simplemente al recorrer un centro comercial o un supermercado abarrotado de gente, su energía afecta a todos aquellos con quienes entran en contacto. Es así de fuerte y, naturalmente, no se dan cuenta de ello conscientemente. La paradoja es que, aunque se supone que están afectando a la gente con su energía, realmente no se sienten cómodas estando con gente. Así que muchas de ellas se quedan recluidas en casa para evitar interactuar con los demás; incluso trabajan desde casa. Y frustran así su propósito».

LA OSCURIDAD

Bueno, ésa es la cuestión. Hay oscuridad en el mundo, pero también hay oscuridad en ti. Está en cada una de nosotras, y podemos elegir la Oscuridad o podemos elegir la luz. Y puedes obtener toda la luz que quieres, o toda la oscuridad que quieras. La elección es tuya. Recuerdo haber leído una parte en el libro *Once minutos* de Paulo Coelho sobre una mujer de Brasil que había ido invitada a ir a Suiza para lo que ella creía que era un mejor empleo y una mejor vida. Al llegar, descubrió que era un trabajo en un burdel. Aunque la mayoría de sus clientes eran del tipo que cabría esperar en un burdel, había un hombre que solamente quería hablar. Resultaba ser un asesor espiritual muy astuto para ella. Y cuando uno de sus clientes le solicitaba prácticas sadomasoquistas, su mentor le aconsejaba que no empezara a descender por el camino de combinar la energía sexual con la humillación, el dolor y la vergüenza. Porque lo bajo que podía llegar no tenía fin. Simplemente, sería cada vez más oscuro y más profundo. Le exigiría cada vez más energía. Ocurre lo mismo con todo lo que hacemos. Podemos perseguir la Oscuridad o podemos perseguir la luz.

Esa parte oscura de ti es la parte que está diciendo: «No me creo todas estas tonterías. No tengo nada de especial. Sólo he tenido algo de mala suerte». O «la avaricia y el sálvese quien pueda forman parte de la naturaleza humana. El planeta siempre será una selva». La Oscuridad respalda el escepticismo. Sabe que, si un escéptico mira, verá algo que deja la Oscuridad obsoleta. Así que la oscuridad hace todo lo que está en su mano para impedir que mires. Por eso hay tantas personas que no toman conciencia de su luz. En lugar de eso, se burlan de los intereses espirituales; los llaman chorradas. ¿Hadas? ¿Ángeles? ¿Oraciones? No me fastidies. Cuando estaba en la facultad de Medicina, un compañero me dijo: «No puedo creerme que estés leyendo un libro sobre ángeles. Una mujer con tu inteligencia. Venga ya». ¿Creer en vidas pasadas, campos energéticos, esencias florales y cosas que superan el ámbito de la física newtoniana? Se trata de mitos que los adultos lúcidos descartan de antemano. Pero es precisamente ahí donde puedes encontrar la luz. Cuando rechazas lo intangible, reduces tu acceso a la luz, y entonces la oscuridad se apodera de ti.

Nuestra sociedad se ha construido sobre la oscuridad. Las figuras con autoridad enfrentan a la gente entre sí para que siga habiendo guerras. Las empresas buscan beneficios por encima de todo lo demás porque el dinero es considerado la cúspide del éxito. Las escuelas inculcan el miedo y el estrés porque no hay nada peor que no cumplir las expectativas sociales. Con estas presiones y las malas noticias divulgadas las 24 horas los 7 días de la semana, es fácil caer en la desesperación y el pesimismo, lo que a su vez hace que sea mucho más probable que incurras en la avaricia, la manipulación o la adicción. Cualquier cosa para aplacar el dolor. Pero es del hecho de que caigas en la desesperación o de que aceptes la capacidad de la oscuridad de mejorar tu sufrimiento de donde la Oscuridad obtiene su poder.

La elección que tienes que hacer es la de abrir la puerta a la luz.

Lo oscuro de tu interior te acompañará mientras permanezcas en este planeta. La Oscuridad tiene carta blanca hasta que empiezas a cuestionar las cosas espiritualmente. Cuando preguntas «¿Quién soy?» empieza a entrar la luz. Empiezas a tener control sobre la Oscuridad a través de tus elecciones y tus pensamientos. Recuérdalo. Eres más poderosa que cualquier cosa oscura de este planeta. Una vez decides dar un paso hacia la luz, la Oscuridad pierde su poder sobre ti. Y tu vida empieza a mejorar.

Pero para que eso suceda, tienes que elegir superar el miedo. No puedes permitirte estar muerta de miedo o muerta de preocupación. Fíjate en estos términos. Son expresiones que ilustran el poder del miedo y de la preocupación.

El miedo te paraliza. Es la parte oscura de ti que dice: «No puedo avanzar». «Soy demasiado mayor.» «Es normal enfermar al envejecer.» «Es demasiado tarde para mí.» «No puedo cambiar esto.» Todo lo negativo. Es así cómo funcionan el miedo y la oscuridad. Cuando dejas que ellos te invadan, dejas que te invada la oscuridad de los vampiros que te rodean.

El miedo empieza en las tripas. Es un atributo humano de baja vibración que puede servir para manipular a las personas. Puede decirse que rige la medicina convencional. Si no te haces esta prueba, podrías morir. Si no te tomas este medicamento, podrías morir. Si no aprendes a controlar el miedo, invadirá tu mente y empezará a dirigir tu vida.

Así que tienes que parar el miedo. Sé que parece simplista, pero se empieza a parar el miedo simplemente observándolo, alumbrando una luz sobre él. La próxima vez que tengas una reacción temerosa di: «Para. Sé lo que estás haciendo. PARA». Entonces, felicítate por tu habilidad para observar tu miedo y pararlo. Puede ser realmente así de sencillo. Simplemente, recuerda que la Oscuridad se alimenta del miedo. No tenemos que ir con miedo. Sé lo que estarás pensando: *Ya lo he intentado antes: las afirmaciones, lo positivo. Pero no funciona.* Eso ya no es cierto en la nueva energía, la energía que cambió en 2012. Las cosas son distintas ahora.

Posees cantidades inmensas de sabiduría, así que deja que tu sabiduría disipe tu miedo. Como Elizabeth Gilbert dice en su libro *Libera tu energía*, el miedo siempre nos acompañará. No se irá. Pero no tiene que conducir el coche. Puedes ponerlo en el asiento de atrás. Y no permitirle elegir la emisora de radio. Yo, de ti, tampoco le abrocharía el cinturón de seguridad. No hay ninguna necesidad de hacer que se sienta más seguro.

Cuando sucumbes a tu miedo, tu rabia o tu tristeza, estás alimentando la Oscuridad y dando poder a los vampiros.

Lo único que tienes que hacer es encender una cerilla (prender una luz) y decir: «Dios mío..., muéstrame. Muéstrame». Si dices: «Estoy preparado para saber. Muéstrame lo que se supone que tengo que hacer. Estoy preparado para escuchar», no te sorprendas si el amor fluye a tu corazón. Si los ángeles te toman las manos y los vampiros retroceden.

La vida en la tierra no tiene que ser desdichada. Nuestro propósito tendría que ser aportar todo el Espíritu (o Dios) posible a la densidad de la materia. Nuestro objetivo tendría que ser bajar el cielo a la tierra. Y podemos hacerlo porque Dios reside en cada uno de nosotros. Así es, hay un pedacito de Dios en tu interior. Éste es el gran secreto, y la clave de la liberación. La frase shakesperiana «Sé sincero contigo mismo» habla de esta orientación siempre presente.

Todas las culturas que han existido en la tierra han hecho la pregunta: «¿Quién soy? ¿Por qué estoy aquí?»

Todos los textos inspiracionales que se han escrito fueron escritos por un ser humano que estaba en contacto con el Dios interior. ¿Crees que Dios, nuestro Creador, ha dejado de hablarnos?

Puedes iniciar un diálogo con el Dios interior cuando quieras. Pide y se te dará.

La cuestión es que cada uno de nosotros es un individuo. El Dios que se manifiesta en ti será distinto del Dios que se manifiesta en mí. No existe ninguna norma ni regla grabada en ninguna tabla. Pero tu Divinidad figura escrita en tu ADN en cuanto estás a la altura de ser la luz.

Una de las cosas más inspiracionales que dijo Jesús es: «Estas obras, y mayores aún, también vosotros las haréis». Y lo que quería decir es que nosotros tenemos el mismo poder que él. A mi entender, ése es el segundo advenimiento. Cuando nos damos cuenta del poder que hemos tenido desde el principio en nuestro corazón, nuestra mente y nuestro cuerpo.

Cuando abandonas el miedo y el victimismo, el brillo que puede alcanzar tu luz no tiene límite. Louise Hay, fundadora de Hay House, la editorial que publicó el original en inglés de este libro, era un ejemplo excelente de ello. Louise creció en medio de la pobreza con un padrastro que le pegaba y que abusaba sexualmente de ella. Dio un bebé en adopción y jamás volvió a ver a ese niño. Tuvo cáncer de cuello uterino a los veintipocos años, pero aprendió a curarlo con un cambio alimenticio y con afirmaciones. Tras casarse con el hombre de sus sueños, se quedó destrozada cuando éste le pidió el divorcio. Pero no sucumbió a la desesperación. Avanzó, y más adelante hasta se lo agradeció, diciendo: «Él me convirtió en Louise Hay». Publicó por su cuenta un libro titulado *Usted puede sanar su vida* cuando rondaba a los sesenta años. Este libro alcanzó el número uno en la lista de los más vendidos del *New York Times* la misma semana en que Louise apareció en los programas televisivos de *Phil Donahue* y *Oprah Winfrey*. Y así fue como nació Hay House.

Hay House opera una red de luz en todo el mundo. Todo porque una mujer decidió transformar su considerable oscuridad en luz. Una luz que no deja de crecer cada año. Éste es el poder del ser humano como creador.

Louise es solamente un ejemplo entre muchos, pero ahora ha llegado el momento de que cada uno de nosotros nos hagamos con nuestro poder personal. El mundo está cambiando. De hecho, ahora mismo está fluyendo tanta luz hacia el planeta Tierra que la oscuridad es muy patente. Aunque la oscuridad ha estado siempre aquí, ahora todo el mundo puede verla. Pero la luz se está volviendo muy brillante. Robert Fritchie, que estudió con el difunto Marcel Vogel y ha trabajado 25 años con el Amor Divino, afirma que la energía que denominamos Amor Divino se ha estabilizado en el planeta desde 2012. Y que lo que antes requería el poder sanador de cinco personas puede conseguirse ahora con sólo una.

No te confundas, la Oscuridad es fuerte y es difícil extinguirla. Lo está poniendo difícil. Y por eso, a pesar de todo lo que te han dicho, cuanto más dispuesto estés a amarte a ti misma y a ser la luz que eres, lo que incluye irradiar alegría y optimismo, más rápido desaparecerá la Oscuridad. La Oscuridad y sus adláteres vampiros están luchando por sus vidas. Pero saben que el juego se acabó. Una persona que es luz afecta positivamente a 10.000 que están en la Oscuridad. Ha llegado el momento de enarbolar la bandera de Trabajador de la Luz.

LOS ASPECTOS PRÁCTICOS DE MOSTRARTE COMO LA LUZ

Pero ¿qué significa todo esto en la práctica?

Significa que no tienes por qué sufrir y aguantar a los vampiros, de ningún tipo. Estás aquí para transformar la oscuridad en luz, de modo que la próxima vez que alguien te toque la fibra, pero jamás haga nada por sí mismo salvo alimentarse de tu buena voluntad, dile que se largue. Investiga antes de asumir automáticamente que sus intenciones son buenas. Esto es especialmente cierto si es alguien carismático o atractivo y, al principio, su atención te halaga. Recuerda esta frase: «No te ha elegido. Te ha fijado como objetivo». Y échate a reír.

La próxima vez que alguien sea malo o te critique, piensa que tu deber consiste en eliminar eso de tu interior. No es tu deber intentar cambiar a esa persona. Ni tampoco es tu deber buscar la oscuridad y tratar de iluminarla con tu voluntad. Tú sólo tienes que lidiar con lo que tienes justo delante de ti.

Si alguien es grosero o malo contigo, di simplemente: «Gracias». Y después, dite a ti misma o di a esa persona: «Lamento tu dolor. Que Dios te bendiga». Puedes hacerlo hasta con la misma fuerza con que dirías «Vete a la mierda». Sólo que, en su lugar, dirás «Que Dios te BENDIGA».

Mostrarte como la luz, y protegerte de los vampiros y de la oscuridad, significa pensar primero en ti. Recibí un correo electrónico sobre una granja ecológica de Oregón que iba a ser fumigada con un herbicida mortífero porque el condado interpretaba un estatuto que sugería que los hierbajos de la granja eran peligrosos. Como consecuencia de ello, esta granja ecológica corría el peligro de acabar diezmada. Eso está ocurriendo por todas partes. A todas horas. Y si tú, como yo, tiendes a actuar, estoy segura de que tu bandeja de entrada estará llena de esta clase de cosas.

Pero esta vez, en lugar de escribir al comisario del condado de esta población de Oregón, que está en la otra punta del país, me detuve. Sí. Quiero salvar a todo el mundo. Es innato en mí, pero tuve que darme cuenta de que ésta no era mi lucha. Tengo muchas cosas a las que dedicar mi atención aquí mismo, en mi municipio. Como las leyes de zonificación. Y cómo impedir que nuestras tierras de cultivo sean vendidas para su urbanización. Y cómo conservar nuestro río local limpio y libre de contaminantes. Todas estas cosas y más están aquí mismo, delante de mis narices. Puedo hablar con mis vecinos sobre ellas. Y hacer algo. Para mostrarme como una poderosa Trabajadora de la Luz no puedo mermar mi energía trabajando por una causa lejana. Tengo que concentrar mi luz en mi comunidad.

Más o menos como mi amiga Carolyn, que vive a orillas del río Hudson. Cuando vio un puñado de barcazas de petróleo ancladas delante de su casa y descubrió que esas barcazas se utilizaban para exportar petróleo de arenas alquitranadas del país, lo que podría causar estragos en el medio ambiente, se puso manos a la obra. Reunió con entusiasmo y con habilidad a todos sus vecinos y, al final, a muchas de las poblaciones Hudson arriba y Hudson abajo, para protestar contra la posible devastación ecológica de su querido río. Eso es amor en acción. Carolyn es una fuerza de luz con lo que tiene justo delante de ella.

Y te sugiero que tú hagas lo mismo.

Lidia con lo que tienes justo delante. No con lo que ves en las noticias, que está muy manipulado y pensado para provocarte miedo y rabia. Recuerda que el 70 por ciento de lo que ves en la televisión dominante te viene dado por la industria farmacéutica. Esta industria tiene un interés personal en que estés petrificada y bajo los efectos de los fármacos. Literalmente.

A FAVOR O EN CONTRA

Mientras trabajas pera concentrar tu luz, hay otras cosas que puedes hacer para protegerte. La primera es luchar *a favor de* algo, en lugar de hacerlo *en contra de* algo. Siempre que eres «antialgo», estás dando poder a lo que no quieres. Cuando estás protestando en contra de algo, te estás uniendo a una comunidad alzada y en lucha. Eso facilita mucho que los arrogantes poderes fácticos (los pocos que han estado controlando a la mayoría a través del miedo y la manipulación) te consideren como una especie de delincuente social. De este modo no consigues demasiada ayuda oculta.

Para poder acceder a todo tu poder como ser humano creativo, tienes que estar *a favor de* algo. Cuando te unes a una comunidad concienciada a favor de algo, eres un heraldo del bienestar. La comunidad está alimentada espiritualmente. Todo el mundo es respetado. Todo el mundo tiene una oportunidad de ganar y de sentir el éxito. Cuando mi amiga Carolyn y su grupo protestaron, lo hicieron a favor de algo. Se unieron para conservar el hermoso hábitat del valle del río Hudson y las comunidades de sus alrededores.

Las personas empáticas no estamos hechas para luchar. No tenemos el sistema nervioso adecuado para ello. Somos demasiado sensibles. Sólo aquéllos con egos enormes poseen la clase de aguante necesario para luchar y luchar. En cambio, es nuestro deber decidir qué causas nos llegan realmente al alma. Y participar entonces solamente en la medida en que esa participación nos alimente de algún modo. Recuerda: el martirio y la abnegación no son sostenibles. Y aunque son caminos muy transitados por las personas empáticas, por favor, evítalos.

Cuando surja algo en tu entorno que no apoye la idea de que todo va bien, no participes. Di al Dios interior que no es un espectáculo que quieras ver. Recuerda, tú estás representando la luz. Y cuando lo haces, te vuelves muy atractivo para las demás personas de luz, no para los vampiros energéticos.

Lo otro que tenemos que hacer es ver la luz tal como es y propagarla.

Hollywood ha envuelto de *glamour* la experiencia espiritual, de modo que esperamos coros de ángeles o bocanadas de humo púrpura. Pero, en realidad, conectar con la luz que eres suele ser mucho más sutil. Como el experto escocés en comunicación con los ángeles Kyle Gray dice: «Lo que necesitamos ya nos ha sido dado. Los ángeles están aquí ahora. La mayoría de veces, nosotros no. Pero cuando decimos gracias, elegimos llegar al mismo lugar en el que están los ángeles». Y cuando sentimos que estamos literalmente propagando la luz que somos, estamos protegidos. Siempre. La Oscuridad y sus cohortes ya no pueden perjudicarte.

El aumento de la luz en el planeta está afectando a tu ADN, lo que significa que ahora podemos vivir más tiempo del que nos han dicho que podemos. Siempre y cuando recuerdes la luz que eres y conectes a menudo con el Amor Divino. Y dejes de aceptar la discriminación por razón de edad en todas sus formas.

Deja de dar sólo crédito a algún tipo de Dios externo a ti. En lugar de eso, busca en tu interior. Medita. Reza. Conecta a menudo. Empieza a buscar el cambio que se está produciendo ahora en el planeta. El filósofo Rob Brezsny ha acuñado una palabra excelente y ha escrito un libro con ese mismo título: *Pronoia*, la creencia de que el universo está conspirando por tu bien. Esa es la cuestión. Cuanto más busques lo que es bueno, más lo verás. Y más se irá la oscuridad en sentido contrario.

Aunque no lo creas, estamos viviendo la época más segura en la tierra. Hay menos guerras que nunca. Pero tenemos más medios informativos que tienen que llenar horas de emisión de malas noticias para tener enganchados a los espectadores. Apágalos. Consume las noticias de masas con moderación. Y teniendo muy en cuenta quién las financia.

Fíjate en lo que está funcionando en el planeta. Por ejemplo, en el documental francés *Mañana*, los cineastas viajaron por todo el mundo y encontraron comunidades que a menudo resolvían de modo brillante sus propios problemas, sin el complejo control gubernamental. ¿Un ejemplo? San Francisco cuenta con un porcentaje de reciclaje del 80 por ciento. Y hay agricultores que producen alimentos suficientes en terrenos pequeños para abastecer a sus comunidades enteras. Una de mis historias favoritas está documentada en una película titulada *One Hundred Thousand Beating Hearts*, en la que el propietario de una granja de cría intensiva salvó a su comunidad en Georgia al sustituir ese tipo de producción por una práctica agrícola ecológica y sostenible. Muy sabiamente, dice que no está aquí para salvar al mundo. Sólo está aquí para cuidar de los seres de su granja.

LA DIVINIDAD DE TU INTERIOR

Este año fui al último concierto de la temporada de la Portland Symphony Orchestra. El artista invitado para interpretar el Concierto para violín núm. 1 en sol menor de Bruch era un joven llamado Alexi Kenney. Y cuando empezó a tocar, me quedé fascinada. Jamás había oído tocar el violín de ese modo. Era como si Alexi estuviera siendo usado como un canal Divino, como si lo hubieran puesto en la tierra para hacer que el violín sonara así de modo que el aire que lo rodeaba, y que llenaba el auditorio, nos sanara a todos. El público estaba igual de fascinado. Cuando terminó, nos pusimos de pie todos a la vez, ovacionándolo en señal de reconocimiento mientras salía varias veces al escenario a saludar. Y entonces nos interpretó un bis, una increíble pieza de Piazzolla que puedes ver en YouTube. Para mí, fue una experiencia de Dios, que se manifestaba a través del violín de Alexi. Mi cuerpo es un diapasón para este tipo de cosas. Es así como accedo a la Divinidad. Tu cuerpo es igual. Sólo tienes que encontrar la vibración adecuada. Identifica lo que te ilumina. Y cuando lo encuentres, obsérvalo. Siéntelo. Úsalo de base para expandirte. Habla sobre ello. Arriésgate. No te quedes atrapado en tu intelecto.

Y, finalmente, mantente atento a los cambios que se están produciendo a nuestro alrededor. Que nunca verás en los medios de comunicación dominantes.

Creo fervientemente que en la próxima década vamos a ver nuevas clases de líderes. La integridad va a volver con fuerza. En los negocios, en la política, en las familias. Ya lo estoy viendo. Nuestros líderes estarán aquí para servir al colectivo, no para robarle o engañarle. Y la creciente conciencia de la humanidad ya no se verá influida por campañas negativas y maliciosas. Ya habremos tenido suficiente. Y, poco a poco, muy lentamente, esa ventaja que los vampiros han tenido desde hace siglos desaparecerá. Viviremos nuestras vidas como seres completos, del interior hacia fuera. Conoceremos la Oscuridad cuando la veamos y la sintamos… y ya no la alimentaremos a ningún nivel.

Mantente atento a los gobiernos que cambien. El primero que lo haga será una bocanada de aire fresco. Otros lo seguirán. Los negocios competirán entre sí para ver cuál tiene más integridad. El modelo de suma cero (no hay suficiente, por lo que yo gano, tú pierdes) será sustituido por el modelo de la naturaleza. Hay suficiente para todos.

Cuando lo veas en ese ámbito, sabrás que es real.

Cuando nos mostramos como la luz que somos y ya no cedemos nuestro poder a los vampiros de todos los tipos, creamos una oleada constante, una red de luz. Una red que nos conecta por todo el mundo. Y que hace que cada vez sea más fácil confiar en nosotros mismos. Y en lo que sabemos y sentimos. Encontramos nuestras tribus reales. Ya no nos sentimos solos.

Juntos, lo único que tenemos que hacer es empujar suavemente la puerta que da a una nueva realidad. Y arrodillarnos agradecidos.

Recursos

En este apartado recopilo una gran cantidad de recursos, desde libros o vídeos hasta páginas web, para ayudarte en tu proceso de recuperación. Estos recursos te orientarán en tu búsqueda de más información sobre cualquier cosa, desde reconocer a los vampiros hasta averiguar tu método preferido de movimiento saludable.

RECONOCER/RECUPERARSE DEL ABUSO DE UN VAMPIRO

Libros

- *Character Disturbance: The Phenomenon of Our Age*, del doctor George K. Simon Jr.

- *How Did We End Up Here?: Surviving and Thriving in a Character-Disordered World*, del doctor George K. Simon Jr.

- *Cómo detectar a un hombre peligroso antes de que entre en tu vida*, de Sandra L. Brown.

- *In Sheep's Clothing: Understanding and Dealing with Manipulative People*, del doctor George K. Simon Jr.

- *Outwitting the Devil: The Secret to Freedom and Success*, de Napoleon Hill.

- *Snakes in Suits: When Psychopaths Go to Work*, del doctor Paul Babiak y el doctor Robert D. Hare.

- *The Sociopath Next Door*, de la doctora Martha Stout.

- *Deja de andar sobre cáscaras de huevo: cómo recuperar el control de tu vida cuando alguien que te importa tiene trastorno límite de la personalidad*, de Paul T. Mason y Randi Kreger.

- *Sin conciencia: el inquietante mundo de los psicópatas que nos rodean*, del doctor Robert D. Hare.

- *Women Who Love Psychopaths: Inside the Relationships of Inevitable Harm with Psychopaths, Sociopaths & Narcissists*, de la Sandra L. Brown.

Documentales y programas instructivos de televisión

- *Big Little Lies*, una miniserie de siete capítulos que muestra el modo en que un psicópata afecta a su familia.

- *Doctor Foster*, un hermoso drama sobre una médica y su marido vampiro, y cómo ella abre los ojos y recupera su poder.

- *Enron, los tipos que estafaron a América*, dirigido por Alex Gibney.

- *Going Clear: Scientology and the Prison of Belief*, dirigido por Alex Gibney.

Recursos en línea

- Dr. George K. Simon Jr. (drgeorgesimon.com): el psicólogo George Simon es un destacado experto en manipuladores y otros caracteres perturbados. Su página web contiene una gran cantidad de información sobre trastornos de carácter. Su canal en YouTube incluye asimismo vídeos informativos sobre este tema: youtube.com/user/georgeksimon/videos.

- Dra. Judith Orloff (drjudithorloff.com): psiquiatra y autora del éxito de ventas *Guía de supervivencia para personas altamente sensibles y empáticas*, la doctora Judith Orloff ofrece un grupo de apoyo en línea para las personas empáticas. Puedes encontrar la Empath Support Community de la doctora Orloff en facebook.com/groups/929510143757438.

- Melanie Tonia Evans (melanietoniaevans.com): Melanie es experta en recuperación del abuso narcisista. En su página web tiene a la venta programas de sanación. Una vez te incorporas al Narcissistic Abuse Recovery Program, dispones también de un curso en línea y de acceso a un grupo de apoyo en línea en todo el mundo para recuperarte del abuso narcisista. También puedes verla en su canal en YouTube, ThriverTV (youtube.com/user/MelanieToniaEvans).

- Sandra L. Brown (saferelationshipsmagazine.com): Sandra Brown es la fundadora del Institute for Relational Harm Reduction and Public Pathology Education, que se dedica a ayudar a las personas a sanar de relaciones de amor patológicas. Este instituto dispone de programas de asesoramiento telefónico y en línea de bajo coste, y de retiros que te ayudarán en tu proceso de recuperación. Sandra tiene también una serie de entrevistas en vídeo en YouTube que son excelentes. Busca en Google lo siguiente y los encontrarás: «YouTube Sandra Brown Women Who Love Psychopaths». También es la creadora de un programa para reducir los daños de las relaciones, el Relational Harm Reduction, en blogtalk radio (blogtalkradio.com/relational-harm-reduction). Por último, ha publicado artículos maravillosos sobre relaciones patológicas en *Psychology Today* en línea (psychologytoday.com/blog/pathological-relationships).

- Shrink4Men (shrink4men.com): página web que apoya a los hombres que han tenido relaciones abusivas en las que las mujeres eran las agresoras.

- Sil Reynolds (motheringanddaughtering.com): Sil es enfermera titulada, psicoterapeuta y educadora maternal con más de treinta años de experiencia ayudando a las mujeres a crear vidas alegres, equilibradas y significativas. Es coautora, junto con su hija, Eliza Reynolds, de *Mothering & Daughtering: Keeping Your Bond Strong Through the Teen Years*. Ayuda a las mujeres, especialmente a las madres, a sanar de las secuelas de una relación de amor patológica.

- Survivor Treatment (survivortreatment.com): organización de profesionales formados para tratar a personas que han tenido o tienen relaciones con vampiros. Los consejeros saben lidiar con todos los aspectos del trastorno de la personalidad para ofrecer el tratamiento adecuado. También poseen un grupo para terapeutas en LinkedIn (linkedin.com/groups/12016965).

DIETA ANTINFLAMATORIA

- «11 Food Rules for the Ultimate Anti-Inflammatory Diet», del doctor Gary Kaplan (mindbodygreen.com/0-22607/11-food-rules-for-the-ultimate-anti-inflammatory-diet.html)

- *Always Hungry?: Conquer Cravings, Retrain Your Fat Cells and Lose Weight Permanently*, del doctor David Ludwig.

- *The Anti-Inflammatory Diet & Action Plans: 4-Week Meal Plans to Heal the Immune System and Restore Overall Health*, de Dorothy Calimeris y Sondi Bruner.

- *Cultured Food in a Jar: 100+ Probiotic Recipes to Inspire and Change Your Life*, de Donna Schwenk.

- *Regenera tu sistema inmunitario: programa en 4 pasos para el tratamiento natural de las enfermedades autoinmunes*, de la doctora Susan Blum, máster en Salud Pública.

- *Colorado Cleanse 4.0: 14-Day Ayurvedic Digestive Detox and Lymph Cleanse with Seasonal Cookbook*, del doctor John Douillard.

- *Medical Medium Life-Changing Foods: Save Yourself and the Ones You Love with the Hidden Healing Powers of Fruits & Vegetables*, de Anthony William.

- *Medical Medium Thyroid Healing: The Truth Behind Hashimoto's, Graves', Insomnia, Hypothyroidism, Thyroid Nodules & Epstein-Barr*, de Anthony William.

- *El código de la obesidad: Descifrando los secretos de la pérdida de peso*, del doctor Jason Fung.

RESPIRACIÓN

- Buteyko Clinic International, buteykoclinic.com

- *Close Your Mouth: Buteyko Breathing Clinic Self-Help Manual*, de Patrick McKeown.

CURACIÓN EMOCIONAL / DE HERIDAS

- Matt Kahn, *Ama todo lo que surja. Una revolución del amor que empieza contigo*; youtube.com/user/JulieMuse.

- *The MindBody Code: How to Change the Beliefs that Limit Your Health, Longevity, and Success*, del doctor Mario Martinez.

- Robert G. Fritchie, World Service Institute y The Divine Love Healing Process, worldserviceinstitute.org; *Being at One with the Divine: Self-Healing with Divine Love; Divine Love Self Healing: The At Oneness Healing System.*

- Divine Love Healing Process webinar (gratuito): worldserviceinstitute.org.

- *Repetition: Past Lives, Life, and Rebirth*, de la doctora Doris Eliana Cohen.

MIEDO/EMPODERAMIENTO

- *Libera tu energía: una vida creativa más allá del miedo*, de Elizabeth Gilbert.

- Brené Brown (brenebrown.com): *El poder de la vulnerabilidad, Los dones de la imperfección, Más fuerte que nunca.*

- Dr. Mario Martinez (biocognitive.com): El doctor Martinez trabaja vía Skype con personas de todo el mundo y las ayuda en todo, desde la pérdida de peso y la adicción hasta el empoderamiento personal.

MOVIMIENTO SALUDABLE

- *Body, Mind, and Sport: The Mind-Body Guide to Lifelong Health, Fitness, and Your Personal Best*, de John Douillard.

- The Center for Intuitive Movement Healing, con Hope Matthews y Chris Renfrow, thecenterforintuitivemovementhealing.com.

- Clear Passage, clearpassage.com, especializada en la liberación fascial para adherencias quirúrgicas, obstrucción intestinal e infertilidad.

- *Designed to Move: The Science-Backed Program to Fight Sitting Disease and Enjoy Lifelong Health*, de la doctora Joan Vernikos.

- Esther Gokhale: Gokhale Method (gokhalemethod.com); *8 Steps to a Pain-Free Back*.

- John F. Barnes: Myofascial Release Approach, myofascialrelease.com.

- Katy Bowman, Nutritious Movement (nutritiousmovement. com): el podcast de Katy Says; *Mueve tu ADN. Recuperar la salud con el movimiento natural*.

- Rodney Yee, yeeyoga.com.

- *Sitting Kills, Moving Heals: How Everyday Movement Will Prevent Pain, Illness, and Early Death – and Exercise Alone Won't*, de la doctora Joan Vernikos.

REDUCCIÓN DEL ESTRÉS

- *Vivir con plenitud las crisis: cómo utilizar la sabiduría del cuerpo y de la mente para enfrentarnos al estrés, el dolor y la enfermedad*, de Jon Kabat-Zinn.

- Nick Ortner (thetappingsolution.com): *The Tapping Solution: A Revolutionary System for Stress-Free Living*.

MUÉSTRATE COMO LA LUZ QUE ERES

- Esther Hicks (abraham-hicks.com): *Pide y se te dará: aprende a manifestar tus deseos.*

- Lee Carroll (kryon.com): Lee Carroll posee muchos vídeos alentadores e informativos en YouTube que recomiendo encarecidamente a las almas viejas empáticas. También da conferencias por todo el mundo.

- Louise Hay (louisehay.com; healyourlife.com): *Usted puede sanar su vida.*

Obras de referencia

Estoy eternamente agradecida por haberme podido entrevistar con expertos de campos asociados con el material de este libro. Poder recurrir a personas entendidas, como Sandra Brown, George Simon, Mario Martinez y muchos más, fue inestimable, lo mismo que las muchas fuentes documentales a que pude acceder. A continuación incluyo una lista de muchos de los libros y artículos que fueron utilizados en la creación de este libro.

American Psychiatric Association, *DSM-5. Manual diagnóstico y estadístico de los trastornos mentales*, Médica Panamericana, Las Tablas, 2014.

American Psychological Association, *Stress in America: Our Health at Risk* (2012), www.apa.org/news/press/releases/stress/2011/final-2011.pdf.

Bradley Hagerty, Barbara, «When Your Child Is a Psychopath», *The Atlantic* (junio de 2017), www.theatlantic.com/magazine/archive/2017/06/when-your-child-is-a-psychopath/524502.

Brezsny, Rob, *Pronoia, el antídoto de la paranoia*, Obelisco, Rubí, 2018.

Brown, Sandra L., *Cómo detectar a un hombre peligroso antes de que entre en tu vida*, Obelisco, Rubí, 2014.
— *Women Who Love Psychopaths: Inside the Relationships of Inevitable Harm with Psychopaths, Sociopaths & Narcissists*, Third Edition, Mask Publishing, Hilton Head (Carolina del Sur), 2018.

Cannon, Dolores, *Las tres oleadas de voluntarios para una nueva Tierra: ¿eres tú uno de ellos?*, Arkano, Móstoles, 2016.

Carroll, Lee, *Kryon III, la alquimia del espíritu humano: enseñanzas canalizadas por Lee Carroll*, Obelisco, Rubí, 2004.

— *Kryon VI. Asociación con Dios: información práctica para el nuevo milenio*, Obelisco, Rubí, 2003.

— *Kryon 13. La recalibración de la humanidad. 2013 y más allá*, Vesica Piscis, Colmenar, 2014.

Cohen, Doris, *Repetition: Past Lives, Life, and Rebirth*, Hay House, Carlsbad (California), 2008.

Colosio, Marco *et al.*, «Neural Mechanisms of Cognitive Dissonace (Revised): An EEG Study», *The Journal of Neuroscience*, 24 (abril de 2017), pp. 3209-3216, doi.org/10.1523/JNEUROSCI.3209-16.2017.

Decety, Jean *et al.*, «An fMRI Study of Affective Perspective-Taking in Individuals with Psychopathy: Imagining Another in Pain Does Not Evoke Empathy», *Frontiers of Human Neuroscience* (24-9-2013), doi.org/10.3389/fnhum.2013.00489.

Festinger, Leon, *Teoría de la disonancia cognoscitiva*, Centro de Estudios Políticos y Constitucionales, Madrid, 1975.

Gilbert, Elizabeth, *Libera tu energía: una vida creativa más allá del miedo*, Aguilar, Barcelona, 2016.

Hare, Robert D., *Sin conciencia: el inquietante mundo de los psicópatas que nos rodean*, Paidós Ibérica, Barcelona, 2003.

Hendricks, Gay, *The Big Leap: Conquer Your Hidden Fear and Take Life to the Next Level*, HarperOne, Nueva York, 2010.

Huffington, Arianna, *The Sleep Revolution: Transforming Your Life, One Night at a Time*, Harmony Books, Nueva York, 2016.

Kahn, Matt, *Ama todo lo que surja. Una Revolución del Amor que empieza contigo*, Sirio, Málaga, 2017.

Lipton, Bruce, *La biología de la creencia: la liberación del poder de la conciencia, la materia y los milagros*, La Esfera de los Libros, Madrid, 2016.

Ludwig, David, *Always Hungry?: Conquer Cravings, Retrain Your Fat Cells and Lose Weight Permanently*, Grand Central Life & Style, Nueva York, 2016.

Martinez, Mario, «Fibromyalgia: The Learning of an Illness and Its PNI Correlates», www.academia.edu/8794606/Fibromyalgia_ The_Learning_of_an_Illness_and_its_PNI_Correlates.
— *The MindBody Code: How to Change the Beliefs that Limit Your Health, Longevity, and Success*, Sounds True, Boulder (Colorado), 2014.
— *The MindBody Self: How Longevity Is Culturally Learned and the Causes of Health Are Inherited*, Hay House, Carlsbad (California), 2017.

Maté, Gabor, *El precio del estrés. Cuando el cuerpo dice no*, RBA Libros, Barcelona, 2008.

McClelland, David C. y Carol Kirshnit, «The Effect of Motivational Arousal through Films on Salivary Immunoglobulin A», *Psychology & Health*, 2 (1988), dx.doi.org/10.1080/08870448808400343.

Miller, Gregory E., Edith Chen y Karen J. Parker, «Psychological Stress in Childhood and Susceptibility to the Chronic Diseases of Aging: Moving toward a Model of Behavioral and Biological Mechanisms», *Psychological Bulletin*, 137, núm. 6 (noviembre de 2011), pp. 959-957, dx.doi.org/10.1037/a0024768.

Orloff, Judith, *Guía de supervivencia para personas altamente sensibles y empáticas*, Sirio, Málaga, 2018.

«Researchers Predict Cognitive Dissonance by Looking at Brain Activity», *Neuroscience News* (17-5-2017), neurosciencenews. com/cognitive-dissonance-brain-activity-6709.

Richo, David, *Cómo mantener relaciones estables y duraderas: las claves para amar y convivir toda la vida*, Amat, Barcelona, 2004.

Roberts, Andrea L. *et al.*, «Association of Trauma and Posttraumatic Stress Disorder with Incident Systemic Lupus Erythematosus (SLE) in a Longitudenal Cohort of Women», *Arthritis & Rheumatology*, Accepted Author Manuscript, doi: 10.1002/art.40222.

Schoenthalter, Stephen J., «The Effect of Sugar on the Treatment and Control of Antisocial Behavior: A Double-Blind Study of an Incarcerated Juvenile Population», *International Journal of Biosocial Research*, 3, núm. 1 (1982), pp. 1-9.

Schulze, L. *et al.*, «Gray Matter Abnormalities in Patients with Narcissistic Personality Disorder», *Journal of Psychiatric Research*, 47, núm. 10 (octubre de 2013), pp. 1363-1369.

Simon, George, *Character Disturbance: The Phenomenon of Our Age*, Parkhurst Brothers Publishers, Inc., Marion (Michigan), 2011.
— «How to Recognize True (and False) Contrition», *A Cry for Justice* (4-3-2013), cryingoutforjustice.com/2013/03/04/how-to-recognize-true-and-false-contrition-by-dr-george-simon-jr.
— *In Sheep's Clothing: Understanding and Dealing with Manipulative People*, Parkhurst Brothers Publishers, Inc., Marion (Michigan), 2010.

Stojanovich, L. y D. Marisavljevich, «Stress as a Trigger of Autoimmune Disease», *Autoimmunity Reviews*, 7, núm. 3 (enero de 2008), pp. 209-213.

Stout, Martha, *The Sociopath Next Door*, Broadway Books, Nueva York, 2006.

Wolynn, Mark, *Este dolor no es mío: identifica y resuelve los traumas familiares heredados*, Gaia Ediciones, Móstoles, 2017.

Van Veen, Vincent *et al.*, «Neural Activity Predicts Attitude Change in Cognitive Dissonance», *Nature Neuroscience*, 12 (2009), pp. 1469-1474, doi.org/10.1038/nn.2413.

Vernikos, Joan, *Sitting Kills, Moving Heals: How Everyday Movement Will Prevent Pain, Illness, and Early Death–and Exercise Alone Won't*, Quill Driver Books, Fresno (California), 2011.

Villoldo, Alberto, *La medicina del espíritu*, Sirio, Málaga, 2015.

Agradecimientos

En primer lugar, tengo que dar las gracias a todos los vampiros energéticos que ya no están en mi vida. Sin vosotros, jamás habría aprendido lo que he aprendido ni me habría convertido en la persona que soy ahora.

Un enorme agradecimiento a Reid Tracy, presidente de Hay House, por abogar por este libro y especialmente el título. Valoro mucho haber contado con tu apoyo para este material que, a primera vista, parece ser un giro de 180 grados para mí. Salvo que, realmente, no lo es.

A Margarete Nielsen, directora de operaciones de Hay House, por su extraordinaria habilidad para mantener el barco de esta editorial a flote.

A Laura Gray, mi imperturbable genio editorial que me acompañó a cada paso del camino, desde Maine hasta Dakota del Sur y de vuelta otra vez.

A Anne Barthel, mi inigualable editora de Hay House, cuya destreza y perspicacia han convertido este proyecto en un verdadero placer. Y también lo convirtió en un libro mucho mejor.

A Patricia Gift, vicepresidenta y editora de adquisiciones de Hay House, una auténtica amiga del alma que lo entiende a todos los niveles.

A Richelle Fredson, jefa de publicidad de Hay House, realmente la publicista más graciosa y eficaz con quien he tenido el placer de trabajar.

A todo el equipo de Hay House Radio. Me encanta mi programa radiofónico semanal en Hay House, *Flourish!*, y la comunidad global de gente con la que interactúo regularmente.

A todo el personal de Hay House. Me pellizco, incapaz de creer que pueda trabajar con un grupo tan simpático, cualificado y excepcional.

Al doctor George Simon y a Sandra L. Brown, mi inmensa gratitud por ser pioneros en el campo de los trastornos de carácter, especialmente cuando no eran reconocidos por la sociedad en general y por el campo de la salud mental en particular. Vuestro valor y vuestra destacada investigación han contribuido enormemente a este libro y al mundo en su conjunto.

Al doctor Robert Palumbo, gracias por la sabiduría adquirida en 35 años como experto psicólogo clínico que me ha enseñado mucho sobre los trastornos de carácter y los individuos del Grupo B.

A Hope Matthews, por todos los años en que me ayudó a eliminar mi historia de mi fascia y me reeducó para llevar una vida alegre y sin dolor.

A Julie Hofheimer, cuya habilidad para leer mensajes ocultos mientras hace masajes es incomparable.

A Melanie Ericksen, Magical Mermaid Medicine Woman, por acompañarme muchos años en mi proceso de sanación y de crecimiento, y por ser una sanadora increíblemente experta y compasiva. Además de una amiga leal.

A Mike Perry, alias Thor, por demostrarme lo divertido, irreverente, servicial, entendido, profundo, escorpión y digno de confianza que puede ser un hombre.

A Paulina Carr, por todas las horas de servicio leal y de detección de problemas en la escuela. Y por tu capacidad para tomártelo todo con calma y con una sonrisa, y de reír cuando las cosas se descontrolan un poco.

A Janet Lambert, por mantener mis finanzas en orden durante años. Además de ser una espléndida diosa eternamente joven y modelo a seguir en el esquí acuático, el paracaidismo acrobático y el submarinismo.

A Coulson Duerksen, mi editor digital de drnorthrup.com. Gracias por ser un escritor y editor informado que se mantiene al día de todo lo que es saludable y sostenible.

A Pat McCabe, mi ama de llaves. Por tu presencia mágica, tus prácticas aptitudes y tu lealtad. Te estoy muy agradecida.

Y, por último, a Diane Grover, mi directora general de todo, fiel samurái, guardiana de los archivos, testigo de todos los vampiros, coconspiradora para disfrutar de un humor subido de tono, y amiga maravillosa a lo largo de todos estos años.

Acerca de la autora

Christiane Northrup, doctora especializada en Obstetricia y Ginecología, exprofesora clínica asociada de Obstetricia y Ginecología en la Facultad de Medicina de la Universidad de Vermont y autora de libros incluidos en la lista de los más vendidos del *New York Times*, es una pionera con gran visión de futuro en la salud de las mujeres. Tras décadas en primera línea de su profesión como médica especializada en Obstetricia y Ginecología, actualmente dedica su vida a ayudar a las mujeres a florecer realmente aprendiendo a fomentar todo lo que puede ser positivo para su organismo. La doctora Northrup es una destacada defensora de la medicina que reconoce la unidad del cuerpo, la mente, las emociones y el espíritu. Famosa internacionalmente por su enfoque de la salud y el bienestar de las mujeres basado en el empoderamiento, enseña a las mujeres a prosperar en cualquier fase de la vida y las anima a generar salud a todos los niveles conectándose con su sabiduría interior.

Como empresaria, médica, excirujana, madre, escritora y conferenciante, la doctora Northrup reconoce nuestra capacidad individual y colectiva de crecimiento, libertad, alegría y equilibrio. También está entusiasmada con su empresa, AmataLife, cuyo nombre procede de las palabras que significan «intemporal» y «eterno» en tailandés. Esta empresa se dedica a producir y distribuir productos para conservar la salud y la belleza de las mujeres en todo el mundo.

Cuando no está viajando, a la doctora Northrup le encanta dedicar su tiempo libre a bailar el tango, ir al cine, reunirse con amigos y familiares, pasear en barca, tocar el arpa y leer.

La doctora Northrup se mantiene en contacto con su comunidad global a través de su programa radiofónico en Internet *Flourish!*, Facebook, Twitter, su carta electrónica mensual y su sitio web, drnorthrup.com.

ECOSISTEMA DIGITAL